Michail Bulgakow

Die verhängnisvollen Eier

Michail Bulgakow

Die verhängnisvollen Eier

&

Notizen auf Manschetten

Aus dem Russischen neu übersetzt
von Alexandra Berlina

Mit Anmerkungen der Übersetzerin

Anaconda

Die Erzählung *Die verhängnisvollen Eier* erschien im russischen Original erstmals 1925 in der Zeitschrift *Nedra* unter dem Titel *Rokowyje jaiza*. Später war sie auch Teil der ebenfalls 1925 in Buchform auf Deutsch erscheinenden *Teufeliaden*. Teil 1 der *Notizen auf Manschetten (Sapiski na manschetach)* erschien erstmals 1922 in der Zeitschrift *Nakanune* in Berlin, Teil 2 1923 in der Zeitschrift *Rossija* in Moskau.

Penguin Random House Verlagsgruppe FSC® N001967

Die Deutsche Nationalbibliothek verzeichnet diese Publikation in der Deutschen Nationalbibliografie; detaillierte bibliografische Daten sind im Internet unter http://dnb.d-nb.de abrufbar.

Umschlagmotive: Adobe Stock / sar14ev, Moch Solikin,
Vector Tradition, Crowcat
Umschlaggestaltung: www.katjaholst.de
Satz und Layout: Achim Münster, Overath
Druck und Bindung: GGP Media GmbH, Pößneck
Printed in Germany
ISBN 978-3-7306-1372-6
www.anacondaverlag.de

Inhalt

Die verhängnisvollen Eier
7

Notizen auf Manschetten
121

Anmerkungen
185

Die verhängnisvollen Eier

Kapitel 1

Professor Persikows Curriculum Vitae

Am Abend des 16. April 1928 betrat Professor Wladimir Persikow – Inhaber des Zoologielehrstuhls an der Staatsuniversität N 4 und Direktor des Moskauer Instituts für Tierkunde – sein Institutslabor an der Alexander-Herzen-Straße, schaltete die matte Leuchtkugel an der Decke ein und sah sich um.

Die entsetzliche Katastrophe nahm an genau jenem unglückseligen Abend ihren Lauf, und der Urgrund dieser Katastrophe war niemand anderer als Professor Wladimir Persikow.

Er war exakt 58 Jahre alt. Ein bemerkenswerter Kopf, ein Kopf wie eine Lokomotive, kahl bis auf zwei Büschel gelbliches Haar an den Seiten.[1] Glattrasiertes Gesicht mit hervorstehender Unterlippe, die ihm stets einen etwas schmollenden Ausdruck verlieh. Altmodische kleine Brille in silberner Fassung auf der roten Nase; kleine, glänzende Augen; hoher Wuchs, leichter Rundrücken. Die Stimme knarrend, quiekend, quakend, dazu einige Eigenarten wie diese: Wenn er besonders nachdrücklich und mit großer Sicherheit sprach, krümmte er den Zeigefinger der rechten Hand zu einem Haken und kniff die Augen zusammen. Da er aber dank phänomenaler Gelehrsamkeit auf seinen Fachgebieten immer mit großer Sicherheit sprach, war der gekrümmte Finger eine sehr häufige Erscheinung vor den Augen seiner Gesprächspartner. Und außerhalb seiner Gebiete, nämlich der Zoologie, der Embryologie, der Anatomie, der Botanik sowie der Geografie, sprach Professor Persikow kaum.

Zeitungen las Professor Persikow keine, ins Theater ging er nicht, und seine Frau war 1913 mit einem Operntenor durchgebrannt, nicht ohne ihrem Mann den folgenden Abschiedsbrief zu hinterlassen:

Die Abscheu vor deinen unerträglichen Fröschen bringt mich zum Schaudern. Ihretwegen werde ich mein Leben lang kein Glück kennen.

Der Professor heiratete nicht wieder und hatte keine Kinder. Er war sehr aufbrausend, aber nicht nachtragend, trank gern Moltebeerentee, lebte in Moskau auf dem Pretschistenka-Boulevard in einer Fünf-Zimmer-Wohnung, wobei eines der Zimmer die dürre alte Haushälterin Maria Stepanowna beherbergte, die sich um den Professor kümmerte wie um ein Kind.

1919 musste der Professor drei von seiner fünf Zimmern abtreten. Da sagte er zu Maria Stepanowna: »Wenn die nicht mit diesem Unsinn aufhören, ziehe ich ins Ausland.«

Zweifellos wäre er von jedem Zoologielehrstuhl der Welt mit offenen Armen empfangen worden, denn er war ein Wissenschaftler ersten Rangs, und in Bezug auf Amphibien konnten ihm weltweit nur Professor William Wackle in Cambridge und Professor Giacomo Bartolomeo Beccari in Rom das Wasser reichen. Deutsch und Französisch beherrschte Persikow einwandfrei, zudem las er zwei weitere Fremdsprachen. Und doch zog Persikow nicht ins Ausland, und das Jahr

1920 wurde noch schlimmer als 1919. Die Ereignisse überschlugen sich. Die Große Nikitskaja wurde in Alexander-Herzen-Straße umbenannt. Die ins Eckhaus an ebendieser Straße eingemauerte Uhr blieb stehen und zeigte nun für immer 11 Uhr 15. Schließlich wurden die Erschütterungen dieses denkwürdigen Jahres den Amphibien zu viel, und in den Terrarien des Instituts krepierten erst acht prächtige Laubfrösche, dann fünfzehn gewöhnliche Erdkröten und schließlich ein unendlich wertvolles Exemplar der Großen Wabenkröte.

Unmittelbar nach den Fröschen und Kröten, deren Ableben die Froschlurch-Sammlung des Lehrstuhls verwüstet hatte, verschied auch der Institutswächter, der alte Wlas, obschon er nicht zu der Kategorie der Amphibien gehörte. Der Grund seines Todes aber war der gleiche, und diesen stellte Persikow sogleich fest: Futtermangel.

Der Gelehrte hatte den Nagel auf den Kopf getroffen: Ein Wlas benötigt Mehlspeisen und eine Kröte Mehlwürmer; mit ersteren waren auch letztere verschwunden. Die verbleibenden zwanzig Laubfrösche wollte Persikow mit Kakerlaken durchfüttern, aber selbst diese hatten für das militärische Stadium des Kommunismus offenbar wenig übrig und machten sich davon. So landeten auch die letzten Exemplare in den Senkgruben im Innenhof des Instituts.

Die Todesfälle, insbesondere das Ableben der Wabenkröte, hatten den Professor vollkommen niedergeschmettert. Die Schuld gab er aus irgendeinem Grund ausschließlich dem damaligen Volkskommissar für Bildung.

Im ausgekühlten Institut sprach Persikow, in Hut und Galoschen, zu seinem Assistenten Iwanow, einem überaus eleganten Herrn mit blondem Spitzbart:

»Der Strick ist noch zu gut für ihn! Was denken die sich eigentlich? Das Institut geht zugrunde! Ein unvergleichliches männliches Exemplar, *Pipa americana*, dreizehn Zentimeter lang …«

Dann kam es noch schlimmer. Nach dem Tod von Wlas froren die Institutsfenster durch, sodass Eisblumen von innen auf dem Glas blühten. Die Hasen, die Füchse, die Wölfe, die Fische waren tot – und auch die Nattern, ausnahmslos. Persikow verbrachte ganze Tage schweigend, bekam irgendwann eine Lungenentzündung, überlebte aber. Sobald er bei Kräften war, nahm er seine Vorlesungen am Institut wieder auf. Zweimal die Woche stand er in seinen Galoschen, mit Ohrenmütze und Schal im Amphitheater, wo die Temperatur seltsamerweise wetterunabhängig stets minus fünf Grad betrug, und weiße Dampfschwaden entströmten seinem Mund, als er vor acht Zuhörern eine Vortragsreihe hielt. Das Thema lautete: »Reptilien des Südens«. Den Rest seiner Zeit verbrachte Persikow zu Hause, in einem mit Büchern vollgestopften Zimmer, unter der wärmsten Decke. Er hustete, schaute in den Feuerschlund des Ofens, den Maria Stepanowna mit vergoldeten Stühlen fütterte, und dachte an die Große Wabenkröte.

Doch alles vergeht. Und so verging das Jahr 1920, dann auch das nächste Jahr, und 1922 wandte sich auf einmal alles zum Besseren. Erstens: Anstelle von Wlas wurde dem Institut Pankrat zugeteilt, ein junger, doch vielversprechender Hausmeister, und im Winter begann man, wenn auch spärlich, zu heizen. Im Sommer fing Persikow mit Pankrats Hilfe vierzehn Erdkröten. Es kam wieder Leben in die Terrarien … 1923 hielt der Professor bereits acht Vorlesungen pro Woche –

drei am Institut und fünf an der Universität; 1924 waren es dreizehn, dazu lehrte er noch an den Arbeiterschulen, und im Frühling 1925 ließ er berüchtigterweise 76 Studierende durchfallen, allesamt bei dem Thema »Lurche«.

»So, Sie kennen den Unterschied zwischen Lurchen und Reptilien nicht? Lurche haben keine Nachniere! Nicht vorhanden. So einfach ist das. Schämen Sie sich! Sie sind vermutlich Marxist, ja?«

»Jawohl«, gab der Durchfallende niedergeschlagen zu.

»Nun, wir sehen uns im Herbst wieder«, sagte Persikow darauf höflich und rief dann munter: »Pankrat, den Nächsten!«

Wie Amphibien nach langer Dürre bei dem ersten großen Regen aufleben, lebte auch Persikow 1926 richtig auf. In diesem Jahr erbaute ein amerikanisch-russisches Bauunternehmen 15 Hochhäuser in der Stadtmitte, Ecke der Twerskaja, sowie 300 Arbeiterhäuser mit je acht Wohnungen am Stadtrand, und setzte damit der furchtbaren und lächerlichen Moskauer Wohnkrise von 1919–1925 endgültig ein Ende.[2]

Der Sommer 1926 war eine wunderbare Zeit in Persikows Leben; gelegentlich erinnerte er sich kichernd und händereibend daran, wie eng er es mit seiner Haushälterin in zwei Zimmern gehabt hatte. Jetzt hatte der Professor seine gesamte Wohnung zurückbekommen, es sich gemütlich gemacht, die Regale mit zweieinhalbtausend Büchern sowie diversen Präparaten und Diagrammen gefüllt, wieder die Lampe mit dem grünen Schirm im Arbeitszimmer eingeschaltet.

Auch das Institut war nicht wiederzuerkennen: Es wurde cremeweiß neu gestrichen, der Raum mit den Terrarien bekam eine gesonderte Wasserleitung, die alte Verglasung wurde gegen eine verspiegelte ausgetauscht; geliefert wurden fünf neue Mikroskope, gläserne Präpariertische, 2000 Lumen starke Lichtbogenlampen, Reflektoren, Museumsschränke.

Persikow lebte auf, und die ganze Welt erfuhr es, als im Dezember 1926 seine neue Schrift erschien: *Eine weitere Annäherung an die Frage der Vermehrung der Stachelweichtiere, insbesondere der Chitonidae* (125 Seiten, Publikationen der Staatsuniversität N 4).

Im Herbst 1927 folgte dann ein großes, 350 Seiten starkes Werk, das anschließend in sechs Sprachen inklusive des Japanischen übersetzt wurde: *Die Embryologie der Zungenlosen, der Schaufelfußkröten und der Froschlurche*, 3 Rubel, Gosizdat Staatsverlag.

Im Sommer 1928 aber passierte das Unmögliche, das Entsetzliche …

Kapitel 2

Der schillernde Kringel

Nun also: Der Professor schaltete die Leuchtkugel ein und sah sich um. Dann knipste er den Reflektor auf dem langen Experimentiertisch an, warf sich einen weißen Kittel über, legte klirrend irgendwelche Werkzeuge zurecht …

Von den 30 000 Automobilen und anderen pferdelosen Fahrzeugen, die Moskau im Jahre 1928 vorzuweisen hatte, rauschten nicht wenige über das glatte Holzpflaster der Alexander-Herzen-Straße; alle zwei Minuten raste zudem eine Straßenbahn am Institut vorbei – die Nummer 16, 22, 48 oder auch die 53. Eine blasse, neblige Mondsichel zeigte sich hoch am Himmel neben der dunklen und schweren Kuppel der Erlöserkathedrale und warf bunte Lichtreflexe durch die verspiegelten Laborfenster.

Professor Persikow aber interessierte sich weder für den Mond noch für den Moskauer Frühlingslärm. Er saß auf einem dreibeinigen Drehhocker, hantierte mit tabakbraunen Fingern am Rädchen eines prächtigen Zeiss-Mikroskops und betrachtete ein ganz gewöhnliches, ungefärbtes, frisches Amöbenpräparat. Als er die Vergrößerung gerade von fünftausendfach auf zehntausendfach umstellte, öffnete sich die Tür einen Spalt breit, darin erschien der Spitzbart, und der Assistent fragte:

»Herr Professor, ich habe das Mesenterium vorbereitet, möchten Sie mal schauen?«

Persikow rutschte flink vom Hocker, ließ das Rädchen auf halbem Weg los und machte sich, eine Zigarette zwischen den Fingern, auf den Weg ins Labor des Assistenten. Dort, auf einer Korkmatte auf dem Glastisch, war ein halb erstickter, vor Schreck und Schmerz erstarrter Frosch gespannt, dessen durchsichtige Gedärme aus dem blutenden Bauch und unter das Mikroskop gezogen waren.

»Sehr gut«, sagte Persikow und drückte das Auge ans Okular.

Das Mesenterium des Frosches, in dem Blutkügelchen ganz klar sichtbar durch die Flüsse der Gefäße eilten, interessierte ihn offenbar sehr. Die Amöben ganz vergessen, verbrachte Persikow anderthalb Stunden am Mikroskop des Assistenten, nicht ohne diesen gelegentlich ans Okular zu lassen. Dabei tauschten die beiden Wissenschaftler lebhafte, für einfache Sterbliche unverständliche Bemerkungen aus.

Schließlich ließ Persikow vom Mikroskop ab und sagte:

»Das Blut gerinnt, kann man nichts machen.«

Der Frosch hob mühsam den Kopf an, und in seinen erlöschenden Augen waren klar die Worte zu lesen: »Was seid ihr denn bloß für Dreckschweine ...«

Persikow erhob sich, ging auf steifen Beinen in sein Labor zurück, gähnte, rieb seine stets entzündeten Augenlider, setzte sich auf den Hocker und schaute ins Mikroskop. Die Finger hatte er schon am Rädchen und wollte gerade daran drehen, tat es aber nicht. Mit seinem rechten Auge sah er etwas verschwommen eine mattweiße Scheibe, darauf die bleichen Amöben und in der Mitte einen farbigen Kringel wie eine Haarlocke. So einen Kringel hatte Persikow selbst, ebenso wie Hunderte seiner Schüler, schon sehr oft gesehen; niemand interessierte sich dafür – warum auch? Das schillernde Lichtbündel zeigte unzureichende Fokussierung an und störte nur beim Beobachten. Es war mit einem Dreh am Rädchen auszulöschen und durch reines weißes Licht zu ersetzen. Ja, die langen Finger des Zoologen hatten das Rädchen bereits fest im Griff, doch dann zuckten sie und ließen los. Der Grund dafür war das rechte Auge Persikows. Auf einmal blickte es angespannt, verwundert, ja besorgt. Denn zum Unglück der ganzen Sowjetunion war es kein Mittelmaß, das da am Mikroskop saß. Nein, es war Professor Persikow höchstpersönlich! Seine ganze Geisteskraft, sein ganzes Leben konzentrierten sich nun in seinem rechten Auge. Fünf Minuten lang strengte es sich qualvoll über dem unscharfen Präparat an: Das höhere Wesen betrachtete ein unendlich niedrigeres. Alles war still. Pankrat schlief schon in seinem Kämmerlein im Vorraum. Zart und musikalisch klirrten die Glastüren der Schränke im Nebenraum – Iwanow schloss sein Labor ab. Die Eingangstür ächzte. Erst dann erklang die Stimme des Professors, der wer weiß wen fragte:

»Was in aller Welt ist das? Verstehe ich nicht …«

Ein später Lastwagen rumpelte die Alexander-Herzen-Straße herunter. Die alten Institutsmauern erzitterten, die flache Glasschale mit den Pinzetten klirrte auf dem Tisch. Der Professor wurde bleich und hielt die Hände schützend übers Mikroskop wie eine Mutter, deren Baby Gefahr droht. Nun war keine Rede mehr davon, am Rädchen zu drehen, oh nein, vielmehr hatte Persikow regelrechte Angst, etwas könnte aus seinem Blickfeld verdrängen, was er da gerade sah.

***

Der Morgen strahlte schon in voller Kraft, und ein goldener Lichtstreifen lag über der cremeweißen Institutstreppe, als der Professor sich vom Mikroskop losriss und auf tauben Beinen dem Fenster näherte. Ein zitternder Finger drückte einen Knopf, und schwarze Rollläden verdeckten den Morgen. Die weise, gelehrte Nacht senkte sich wieder auf den Professor. Breitbeinig stand Persikow da, Inbrunst in dem gelben Gesicht, starrte mit tränenden Augen aufs Parkett und sprach:

»Aber wie denn das? Das ist doch ungeheuerlich!« Er hob den Blick zu den Kröten im Terrarium und wiederholte: »Ungeheuerlich ist das, meine Herren!« Doch die Kröten schliefen und antworteten nicht.

Eine Weile stand Persikow still, dann ließ er die Rollläden wieder hinaufsausen, schaltete alle Lichter aus und schaute ins Okular. Sein Gesicht war angespannt, seine buschigen gelben Brauen rückten zusammen.

»Aha, aha«, murmelte er, »weg ist er. Verstehe.« Den irrsinnigen, inspirierten Blick auf die ausgeschaltete Leuchtkugel über seinem Kopf gerichtet, wiederholte er gedehnt: »Verstehe. Ganz einfach.«

Wieder zischten die Rollläden herunter, wieder ging das Licht an. Der Professor schaute ins Mikroskop, grinste ein freudiges Raubtiergrinsen.

»Den fange ich«, verkündete er feierlich und hob den Zeigefinger, »jawohl. Vielleicht geht es ja auch mit der Sonne?«

Wieder schossen die Rollläden hoch. Sonnenlicht war inzwischen reichlich vorhanden; es durchflutete die Straße, lag morgendlich und weiß auf den Institutsmauern. Persikow schaute aus dem Fenster und überlegte sich, wo die Sonnenstrahlen mittags landen würden. Tänzelnd machte er einen Schritt zurück, dann wieder einen vor, streckte sich am Ende bäuchlings aus dem Fenster.

Dann machte er sich an wichtige und geheimnisvolle Arbeit. Bedeckte das Mikroskop mit einer Glashaube. Schmolz ein Stück Siegellack in der bläulichen Flamme des Bunsenbrenners, befestigte damit die Glashaube am Tisch und drückte seinen Daumen in jede warme Lacklasche. Dann drehte er das Gas ab, ging hinaus und schloss sorgsam hinter sich ab.

Halbdunkel herrschte in den Institutsgängen. Der Professor erreichte Pankrats Kämmerlein und klopfte an die Tür. Lange hatte das keinen Erfolg, bis schließlich drinnen etwas knurrte, brummte, feucht hustete, und in dem hellen Rechteck der Tür Pankrat erschien. Seine gestreifte lange Unterhose hatte Schnürchen an den Knöcheln, seine Augen blickten wild, und eine Art Hundewimmern entfuhr seiner Kehle.

»Pankrat«, sagte der Professor und betrachtete ihn über den Brillenrand, »tut mir leid, dass ich dich wecken musste. Was ich sagen will, mein Freund: Morgen früh mein Labor nicht betreten. Da steht ein Objekt, das nicht verschoben werden darf. Verstehst du?«

»Ver ...stehe ...«, gähnte Pankrat taumelnd, ohne etwas zu verstehen.

»Nein, du musst schon aufwachen, Pankrat«, sagte der Zoologe und stieß Pankrat leicht in die Rippen, woraufhin die Augen des Hausmeisters sich erschrocken öffneten und so etwas wie Bewusstsein darin aufschimmerte. »Ich habe abgeschlossen«, fuhr Persikow fort, »bei mir nicht aufräumen, bis ich wieder da bin. Ist das klar?«

»Jawohl«, krächzte Pankrat.

»Na wunderbar, geh wieder schlafen.«

Pankrat drehte sich um, verschwand im Zimmer und wuchtete sich aufs Bett. Der Professor begab sich in die Eingangshalle. Dort zog er seinen grauen Sommermantel an, setzte den Hut auf, dachte dann an das Bild unter dem Mikroskop und betrachtete ein paar Augenblicke lang seine Galoschen, als sähe er sie zum ersten Mal. Dann zog er die linke Galosche an und wollte die rechte darüber ziehen, doch diese weigerte sich.

»So ein unglaublicher Zufall, dass er mich weggerufen hatte«, murmelte er. »Sonst hätte ich nichts bemerkt. Aber was heißt das? Teufel, das heißt doch etwas Unglaubliches!«

Der Professor grinste, musterte mit zusammengekniffenen Augen die Galoschen, zog die linke aus und die rechte an.

»Gütiger Himmel! Die Folgen sind ja gar nicht auszumalen ...« Der Professor warf mit Verachtung die linke Galosche zur Seite, die unverschämterweise nicht auf die rechte passen wollte, und ging eingaloschig zum Ausgang, wobei er unterwegs ein Taschentuch fallen ließ. Die schwere Tür schlug hinter ihm zu. Auf der Treppe suchte er lange nach Streichhölzern, klopfte seine Taschen ab, wurde schließlich fündig, steckte sich eine Zigarette in den Mund und machte sich auf den Weg, ohne diese anzuzünden.

Auf dem ganzen Weg bis zur Kathedrale begegnete der Professor keiner Menschenseele. Vor der Kathedrale blieb er wie angewurzelt stehen, warf den Kopf in den Nacken und starrte auf den goldenen Helm der mittleren Kuppel. Die Sonne leckte genüsslich an ihrer Seite.

»Wieso habe ich das früher nicht gesehen? So ein Zufall …« Da glitt sein Blick nach unten, auf die ungleichen Füße. »Wie dumm von mir. Was soll ich denn jetzt? Zurück zu Pankrat? Ach wo, den bekomme ich nicht wieder wach. Das verdammte Ding wegwerfen wäre aber auch schade. Dann muss ich die wohl tragen …« Mit Abscheu nahm er die Galosche in die Hand.

Ein altes Automobil fuhr gerade vorbei, darin zwei beschwipste Männer, und auf den beiden eine grell geschminkte Frau in seidenen Pluderhosen, die 1928 so beliebt waren.[3]

»Armer Opa!«, rief sie tief und heiser. »Die andere Galosche versoffen, was?«

»Der Alte hat sich wohl im Alcazar volllaufen lassen«, brüllte der linke Mann. Der rechte steckte den Kopf aus dem Automobil und wollte wissen: »Du, Opa, hat die Nachtbar auf der Wolchonka denn noch auf? Da wollen wir gerade hin!«

Der Professor betrachtete sie streng über die Brille hinweg, wobei ihm die Zigarette aus dem Mund fiel, und vergaß sie sofort. Ein Lichtstreifen bahnte sich den Weg auf den Pretschistenka-Boulevard, und der goldene Helm des Erlösers strahlte. Die Sonne war aufgegangen.

Kapitel 3

Die Entdeckung des Professors

Der springende Punkt war dies: Als das geniale Auge des Professors an jenem Abend ins Okular geblickt hatte, war ihm zum ersten Mal aufgefallen, dass ein bestimmter Strahl in dem schillernden Kringel deutlich und kräftig hervorstand. Dieser Strahl war leuchtend rot und ragte aus dem Kringel wie eine winzige Spitze, eine Art ultradünne Nadel.

Das Unglück war eben, dass diese Spitze für einen Moment den erfahrenen Blick des virtuosen Wissenschaftlers auf sich gezogen hatte.

Und dann sah er dort, in diesem Strahl, etwas unendlich viel Wichtigeres als einen Lichteffekt, der zufällig und unschuldig aus dem Zusammenspiel von Objektiv und Spiegel im Mikroskop entsteht. Denn als der Assistent ihn weggerufen hatte, waren einige Amöben anderthalb Stunden lang dem Einfluss des roten Strahls ausgesetzt geblieben. Und während die anderen schlaff und hilflos auf der Scheibe lagen, passierte unter dem spitzen roten Schwert etwas Seltsames. Dort wimmelte es vor Leben. Graue Amöben reckten ihre Scheinfüßchen aus allen Kräften in den roten Streifen und lebten magisch auf. Irgendeine Kraft weckte dort offenbar ihre Energie, sie strömten nur so hin und kämpften um einen Platz in dem Strahl, wo hemmungslose (anders lässt es sich kaum sagen) Fortpflanzung stattfand. Allen Gesetzen zum Trotz, die Persikow in- und auswendig kannte, passierte die Teilung in Windeseile. Als der Professor zu seinem Mikroskop zurückgekehrt war, sah er Amöben im Strahl rasend in zwei Teile zerfallen, die zu neuen Amöben wurden, Sekunden später voll ausgewachsen waren und sich ihrerseits vermehrten. Es wurde eng: erst im roten Strahl, dann auf der ganzen Scheibe, und es entbrannte der unvermeidliche Kampf. Amöben rissen sich in Stücke, verschlangen sich gegenseitig. Zwischen den Neugeborenen lagen zerfetzte Leichen. Die Besten und Stärksten gewannen. Und diese Besten waren furchtbar. Erstens waren sie doppelt so groß wie die anderen, und zweitens legten sie eine besonders rabiate Energie an den Tag. Ihre Bewegungen waren rasch, ihre Scheinfüßchen überlang und aktiv wie die Tentakel eines Oktopus.

Am zweiten Abend studierte der Professor, blass und ausgezehrt – er hatte seit der Entdeckung nur von dicken selbstgedrehten Zigaretten gelebt – die neue Generation von Amöben. Am dritten Abend wandte er sich schließlich der Urquelle zu, also dem roten Strahl.

Das Gas zischte leise im Bunsenbrenner, und draußen ratterte wieder der Morgenverkehr, als der Professor, tabakvergiftet und erschöpft, sich mit halbgeschlossenen Augen in seinem Drehstuhl zurücklehnte.

»Jetzt ist alles klar. Der Strahl hat sie zum Leben erweckt. Ganz neu ist das, unerforscht, ja unentdeckt. Erste Frage: Nur durch elektrisches Licht oder auch durch Sonneneinwirkung?«, murmelte er.

Noch eine Nacht später war das Ergebnis klar. In drei Mikroskopen hatte Persikow drei elektrisch erzeugte Strahlen eingefangen und keinen einzigen von der Sonne. Daraufhin beschloss er:

»Nun also, höchstwahrscheinlich nicht im Sonnenspektrum. Tja. Also wohl nur durch elektrisches Licht herzustellen.« Liebevoll betrachtete er die matte Leuchtkugel unter der Decke, hing noch einen beflügelten Moment lang seinen Gedanken nach und lud dann Iwanow in sein Labor. Dort erzählte ihm der Professor alles und zeigte die Amöben.

Der Privatdozent war erstaunt, ja niedergeschmettert: Wie konnte eine so simple Sache, dieser schmale rote Strahl, verdammt noch mal so lange unbemerkt bleiben? Er hätte doch jedem auffallen können, beispielsweise ihm, dem Privatdozenten Iwanow! Und es war ja wirklich ungeheuerlich …

»Schauen Sie nur, Herr Professor!« Iwanow klebte entsetzt am Okular. »Was ist denn hier los? Sie wachsen doch direkt vor meinen Augen! Schauen Sie nur …«

»Ich schaue es mir schon seit drei Tagen an«, erwiderte Persikow.

Anschließend fand zwischen den beiden Wissenschaftlern ein Gespräch statt, im Laufe dessen der Privatdozent versprach, mithilfe von Linsen und Spiegeln eine Kammer zu bauen, um ganz ohne Mikroskop eine vergrößerte Version des Strahls zu produzieren. Er äußerte die Hoffnung, ja die Zuversicht, dass dies ohne Weiteres funktionieren müsste. Der Professor würde den Strahl bekommen, zweifellos. An dieser Stelle stockte das Gespräch kurz.

»Wenn ich die Arbeit dazu veröffentliche, erwähne ich natürlich, dass Sie die Kammer konstruiert haben«, sagte Persikow, als ihm die Ursache der Pause dämmerte.

»Oh, das ist doch nicht nötig! Aber wenn Sie meinen …«

Ab diesem Augenblick stockte nichts mehr, und auch Iwanow gab sich ganz dem roten Strahl hin. Während Persikow, abgemagert und übernächtigt, kaum vom Mikroskop wich, bastelte Iwanow mithilfe eines Mechanikers im grell erleuchteten Physiklabor an einer komplexen Kombination von Linsen und Spiegeln.

Nach einer Anfrage beim Bildungskommissariat erhielt Persikow drei Pakete aus Deutschland, allesamt mit Linsen und Spiegeln: doppelkonvex, doppelkonkav und sogar konvex-konkav, hochpoliert. Iwanow baute seine Kammer und schaffte es auch tatsächlich, den roten Strahl einzufangen. Und das ziemlich brillant, muss man sagen: Der Strahl war dick, etwa vier Zentimeter im Durchmesser, scharf und stark.

Am 1. Juni kam die Kammer in Persikows Labor, und er begann eifrig, mit Froschlaich zu experimentieren. Die Ergebnisse waren erstaunlich. Innerhalb von zwei Tagen waren Tausende von Kaulquappen geschlüpft – und nur einen Tag später zu Fröschen herangewachsen, und zwar zu dermaßen aggressiven und gefräßigen Fröschen, dass die Hälfte sogleich von der anderen zerfetzt und verschluckt wurde. Die Verbliebenen laichten gleich darauf, und zwei weitere Tage später war schon die nächste Generation da, nun ohne jeden roten Strahl und in unzähligen Mengen. Im Labor war inzwischen die Hölle los, und nicht nur dort: Die Kaulquappen hatten sich überall im Gebäude verbreitet; in Terrarien und einfach nur auf dem Boden, in jeder Ecke und jedem Winkel sangen schallende Froschchöre, als wäre das ganze Institut ein einziger Sumpf. Pankrat, der sich ohnehin schon vor Persikow gefürchtet hatte, empfand ihm gegenüber nun das reinste Grauen. Eine Woche später spürte auch der Wissenschaftler selbst, dass er langsam den Verstand verlor. Daraufhin füllte sich das Institut mit dem Geruch von Äther und Zyankali. Neben den Fröschen hätte sich auch Pankrat beinahe zu Tode vergiftet, als er seine Maske unvorsichtig abgenommen hatte. Am Ende war die Sumpfbrut vernichtet; das Institut wurde durchgelüftet, der Spuk war vorbei.

Persikow sagte zu Iwanow: »Wissen Sie, die Wirkung dieses Strahls auf das Deutoplasma und die Eizelle im Allgemeinen ist schon beeindruckend.«

Da geschah es, dass der Privatdozent, sonst immer zurückhaltend und kühl, den Professor unterbrach:

»Das sind ja alles nur Details, das Deutoplasma und so weiter … Wir müssen der Wahrheit ins Gesicht sehen: Sie sind da etwas Unglaublichem auf die Spur gekommen!« Weiter zu reden, kostete ihn offenbar Selbstüberwindung, er tat es aber: »Professor Persikow, was Sie da entdeckt haben, ist der Strahl des Lebens!«

Eine zarte Röte kroch über Persikows blasse, unrasierte Wangen.

»Nicht doch, nicht doch …«, murmelte er.

»Sie werden solchen Ruhm erlangen! Es macht mich schwindelig …« Immer leidenschaftlicher fuhr der Assistent fort: »Verstehen Sie doch, Herr Professor, die Gestalten von H. G. Wells können Ihnen nicht das Wasser reichen! Ich hielt das alles für bloße Märchen … Wissen Sie noch, *Die Riesen kommen*?«[4]

»Ist das ein Roman?«

»Ein weltbekannter, den kennen Sie doch!«

»Habe ich vergessen. Gelesen habe ich ihn schon, aber vergessen.«

»Wie vergisst man denn so etwas? Na ja, jedenfalls – schauen Sie bloß hin!« Iwanow fasste einen gigantischen toten Frosch mit aufgeblähtem Bauch am Bein und hob ihn vom Glastisch. Selbst tot wirkte er noch wütend. »Das ist doch ungeheuerlich!«

Kapitel 4

Die Erzpriesterwitwe

Wer weiß, ob es Iwanows Schuld war oder ob sensationelle Neuigkeiten ganz von allein durch die Lüfte schweben; jedenfalls begann das ganze riesige, brodelnde Moskau auf einmal von dem Strahl und von Professor Persikow zu reden – jedoch diffus und äußerst vage. Die Nachricht von der wundersamen Entdeckung flog durch die hell erleuchtete Stadt wie ein verwundeter Vogel: Mal verschwand sie aus dem Blickfeld, mal flatterte sie wieder hoch. So ging es bis Mitte Juni, als auf Seite 20 der *Iswestija* unter der Rubrik »Neues aus Wissenschaft und Technik« ein kurzer Artikel über den Strahl erschien. Ganz emotionslos wurde darin mitgeteilt, ein bekannter Professor der Staatsuniversität N 4 habe einen Strahl erfunden, der die Aktivität niederer Organismen in unglaublichem Maße steigere, und dass dieses Phänomen der Überprüfung bedürfe. Den Namen hatten sie natürlich verdreht: Im Artikel hieß der Entdecker »Pewsikow«.

Der Assistent brachte dem Professor die Zeitung.

»Pewsikow!«, brummte dieser, während er an der Strahlkammer werkelte. »Woher wissen diese Nichtsnutze denn überhaupt davon?«

Leider konnte der Fehler im Namen des Professors ihn nicht von den Ereignissen bewahren, die gleich am nächsten Tag begannen und sein ganzes Leben auf den Kopf stellten.

Und zwar klopfte Pankrat an die Tür und erschien dann im Labor mit einer prachtvollen Hochglanz-Visitenkarte.

»Der tut da draußen warten«, erklärte er zaghaft.

Auf der Visitenkarte stand in eleganter Schrift:

Alfred Bronskij

Mitarbeiter der Moskauer Zeitschriften *Rote Flamme, Rotes Magazin, Roter Scheinwerfer* **und** *Roter Pfeffer* **sowie der Abendzeitung** *Rotes Moskau.*

»Jag ihn zum Teufel«, sagte Persikow eintönig und ließ die Karte unter den Tisch fallen.

Pankrat machte kehrt, ging hinaus und kam fünf Minuten später zurück, Leid im Gesicht und eine zweite Visitenkarte in der Hand.

»Soll das ein Witz sein?«, zischte Persikow bedrohlich.

»Der kommt von der GPU«, gab Pankrat zurück und wurde bleich.[5]

Persikow ließ seine Pinzette fallen und schnappte ihm die Karte mit solcher Wucht aus der Hand, dass er sie beinahe zerrissen hätte. Auf der Rückseite stand in schnörkeliger Schrift: »Ich bitte Sie demütig um drei Minuten Ihrer kostbaren Zeit, verehrter Professor, im Auftrag der öffentlichen Presse. Korrespondent der Satirezeitschrift *Rote Minna*, einer Publikation der GPU.«

»Ruf ihn rein«, keuchte Persikow.

Hinter Pankrats Rücken erschien sogleich ein junger Mann mit glattrasiertem, öligem Gesicht. Auffällig waren seine permanent hochgezogenen, beinahe chinesischen Augenbrauen und die kleinen dunklen Augen darunter, die nicht für eine Sekunde den Gesprächspartner anblickten. Die Kleidung des jungen Mannes war tadellos und modisch: eine schmales Jackett, das ihm bis zu den Knien reichte, Pluderhosen und extrem breite Lackschuhe mit hufartigen Spitzen, dazu eine Zipfelmütze.[6] Diese hielt er gerade in den Händen, nebst Gehstock und Notizblock.

»Was wollen Sie?«, fragte Persikow in einem Tonfall, der Pankrat augenblicklich hinter der Tür verschwinden ließ. »Man hat Ihnen doch gesagt: Ich bin beschäftigt!«

Statt einer Antwort verbeugte sich der junge Mann zweimal vor dem Professor, einmal nach links, einmal nach rechts, daraufhin huschten seine Äuglein über das ganze Labor, und er machte eine Notiz in seinem Block.

»Ich bin beschäftigt.« Der Professor blickte angeekelt ins Gesicht des Besuchers, erzeugte jedoch keinerlei Effekt, da die Äuglein ihm stets entwischten.

»Ich bitte tausend Mal um Entschuldigung, hochverehrter Professor«, sagte der junge Mann mit dünner Stimme, »dass ich so hereinplatze und Ihre kostbare Zeit stehle, doch Ihre global weltbekannte Entdeckung nötigt uns geradezu, Sie um eine Erklärung zu bitten.«

»Was für eine weltbekannte Erklärung?«, piepste Persikow und wurde gelb im Gesicht. »Ich bin nicht verpflichtet, Ihnen irgendwelche Erklärungen abzugeben! Ich bin beschäftigt … furchtbar beschäftigt!«

»Was beschäftigt Sie denn?«, erkundigte sich der junge Mann einschmeichelnd und kritzelte wieder etwas in seinen Block.

»Nun, ich … Was schreiben Sie denn? Wollen Sie etwas abdrucken?«

Der Besucher nickte – und begann auf einmal mit erschreckender Geschwindigkeit seinen Block zu füllen.

»Erstens habe ich keine Absicht, etwas zu veröffentlichen, bevor ich die Arbeit abschließe. Erst recht nicht in diesen Ihren Zeitungen … Zweitens: Woher haben Sie das alles denn?« Persikow wurde immer ratloser.

»Stimmt es, dass Sie den Strahl des Neuen Lebens erfunden haben?«

»Was heißt hier ›Neuen Lebens‹?«, explodierte der Professor. »Was für ein Unsinn! Der Strahl, an dem ich arbeite, ist noch nahezu unerforscht, wir wissen noch nichts! Er scheint die Aktivität von Protoplasma zu erhöhen …«

»Um wie viel?«, fragte der junge Mann sofort.

Da wusste Persikow nun wirklich nicht weiter. So einer, zum Teufel aber auch!

»Das ist eine vollkommen unwissenschaftliche Frage! Wenn es, von mir aus, tausendfach wäre – was würde das überhaupt heißen?«

Gierige Freude leuchtete in den dunklen Äuglein auf.

»Es entstehen also gigantische Organismen?«

»Nichts dergleichen! Das heißt … Nun ja, die von mir auf diese Weise produzierten Organismen sind durchaus größer als die herkömmlichen … Ein paar Sondereigenschaften haben sie auch … Aber das Auffällige hier ist ja gar nicht die Größe, sondern die unglaubliche Reproduktionsgeschwindigkeit.«

Sogleich bereute Persikow, das gesagt zu haben, denn daraufhin füllte der junge Mann eine ganze Seite, blätterte um und schrieb weiter.

»Jetzt hören Sie doch auf mit dem Schreiben!«, krächzte Persikow verzweifelt. Er spürte, dass er dem jungen Mann ausgeliefert war. »Was schreiben Sie denn?«

»Stimmt es, dass Sie innerhalb von zwei Tagen zwei Millionen Kaulquappen aus Froschlaich ausbrüten können?«

»Aus wie viel Froschlaich?!«, verlor der Professor erneut die Beherrschung. »Haben Sie jemals den Laich, sagen wir, eines Laubfrosches gesehen?«

»Halbes Pfund?«, fragte der junge Mann ungeniert.

Persikow lief scharlachrot an.

»Wer misst denn so? Was reden Sie da überhaupt? Das ist doch – nun, ein halbes Pfund Froschlaich, das wäre ... Tja, schon ... Also eine vergleichbare Menge, vielleicht noch viel mehr!«

Die dunklen Äuglein leuchteten auf, und in einem Schwung war noch eine Seite voll.

»Stimmt es, dass Ihre Entdeckung eine weltweite Revolution in der Tierzucht auslösen wird?«

»So einen Unsinn kann aber auch wirklich nur ein Journalist fragen!«, heulte Persikow auf. »Ich erlaube Ihnen nicht, Nonsens zu schreiben! Sie kritzeln doch das widerlichste Zeug, ich sehe es an Ihrem Gesicht!«

»Ich bräuchte noch eine Fotografie von Ihnen, mein lieber Professor, ich bitte sehr darum.« Damit schloss der junge Mann seinen Notizblock.

»Wie bitte? Ein Bild von mir? Für diese sogenannte Zeitschrift von Ihnen? Zusammen mit diesem Unsinn, den Sie da von sich geben? Nein, nein und nochmals nein! Und überhaupt ... Ich bin beschäftigt!«

»Es braucht nicht unbedingt aktuell zu sein. Und Sie bekommen es in aller Bälde zurück!«

»Pankrat!«, brüllte der Professor.

»Ich danke Ihnen vielmals«, sagte der junge Mann, und weg war er.

Pankrat erschien nicht. Stattdessen waren hinter der Tür seltsame rhythmische Geräusche zu hören, etwas Metallisches klopfte auf den Boden, und herein kam ein ungewöhnlich voluminöser Mann, dessen Hemd und Hose aus Deckenstoff genäht schienen. Das Geklapper hatte sein linkes, mechanisches Bein hervorgebracht; in den Händen hielt er eine Aktentasche. Sein Gesicht, gelblich wie Sülze, lächelte freundlich. Er vollführte eine militärische Verbeugung und stand stramm. Sein Bein klickte. Persikow war sprachlos.

»Herr Professor«, begann der Fremde mit angenehmer, leicht kehliger Stimme, »verzeihen Sie einem Normalsterblichen, dass er Ihre Abgeschiedenheit stört.«

»Sind Sie ein Reporter?«, fragte Persikow. »Pankrat!«

»Gewiss nicht! Ich bin Kapitän auf großer Fahrt. Als solcher schreibe ich für den *Industrieboten* des Rats der Volkskommissare.«

»Pankrat!«, schrie Persikow ganz außer sich. Da ging in der Ecke ein rotes Licht an, und das Telefon klingelte sanft. »Pankrat!«, rief der Professor noch einmal und sagte dann in den Hörer: »Ja, bitte?«

»Verzeihen Sie bitte, Herr Professor«, krächzte das Telefon auf Deutsch, »dass ich störe. Als Mitarbeiter des *Berliner Tageblatts* …«

»Pankrat!«, brüllte der Professor und gab ebenfalls auf

Deutsch zurück: »Ich bin momentan sehr beschäftigt und kann mit Ihnen nicht reden. Pankrat!«

Da schellte es auch schon am Haupteingang.

***

Schreiheisere Stimmen stiegen in der Junihitze in die Höhe, huschten zwischen den Rädern und den blinkenden Scheinwerfern hin und her. »Entsetzlicher Mord in der Bronnaja-Straße! Entsetzliche Hühnerkrankheit bei der Erzpriesterwitwe Drosdowa mit Bild! Der Lebensstrahl: Entsetzliche Entdeckung von Professor Persikow!«

Persikow zuckte so jäh zur Seite, dass ihn beinahe ein Automobil überfahren hätte, und griff wütend nach einer Zeitung.

»Drei Kopeken, der Bürger!«, rief der Junge, presste sich in die Menge und schrie wieder: »*Rotes Moskau*, Entdeckung der X-Strahlung!«

Bestürzt schlug Persikow die Zeitung auf und sackte an einer Laterne zusammen. In der linken Ecke der zweiten Seite starrte aus einem verschmierten Rahmen ein kahler Mann mit verrückten, blinden Augen und hängendem Unterkiefer – eine Kreatur von Alfred Bronskij. »W. Persikow, der Entdecker des geheimnisvollen roten Strahls« stand darunter. Dann kam der Artikel unter dem Titel »Die Welt vor einem Rätsel«. Er begann wie folgt:

»›Nehmen Sie doch bitte Platz!‹, sagte der eminente Gelehrte Persikow freundlich …«

Der Artikel war mit »Alfred Bronskij (Alonso)« unterzeichnet.

Ein grünliches Licht ging über der Universität auf, der Schriftzug »Sprechende Zeitung« erschien im Himmel, und sogleich füllte eine Menschenmenge die Straße.[7]

»Nehmen Sie doch bitte Platz!«, rief Alfred Bronskijs unausstehliche dünne Stimme, nun tausendfach vergrößert, »sagte der eminente Gelehrte Persikow freundlich! Es war mir schon lange ein Anliegen, das Moskauer Proletariat mit den Ergebnissen meiner Entdeckung bekannt zu machen!«

Hinter Persikows Rücken war ein metallisches Schaben zu hören, und jemand zerrte an seinem Ärmel. Als er sich umdrehte, sah er das gelbe, runde Gesicht des Mannes mit der Beinprothese. Seine Augen waren tränenfeucht, seine Lippen zitterten.

»Mich beliebten Sie also nicht mit den Ergebnissen Ihrer Entdeckung bekanntzumachen«, sagte er traurig und seufzte tief. »Aus und vorbei ist es mit meinen fünfzehn Rubeln.«

Sehnsüchtig blickte er zum Universitätsdach, zu dem unsichtbaren Alfred hin, der sich im schwarzen Maul des Lautsprechers ereiferte. Auf einmal tat er Persikow leid.

»Keinesfalls hatte ich ihm einen Sitz angeboten«, murmelte der Professor, während verhasste Worte auf ihn vom Himmel niederregneten. »Das ist einfach nur ein Mann von bodenloser Frechheit! Da müssen Sie schon verzeihen, aber wenn man Ihr Labor stürmt, während Sie gerade arbeiten … Ich meine natürlich nicht Sie …«

»Könnten Sie für mich zumindest Ihre Kammer beschreiben, Herr Professor?«, fragte der mechanische Mann mit einschmeichelnder Wehmut. »Ihnen ist es nun eh egal …«

»Aus einem halben Pfund Laich kommen in drei Tagen

so viele Kaulquappen gekrochen, dass sie überhaupt nicht zu zählen sind!«, brüllte der Unsichtbare.

Automobile hupten dumpf und begeistert.

»Schpfsch ... Oha! Schpfsch ...«, raschelte die Menge und reckte die Köpfe hoch.

»So ein Schurke!«, zischte Persikow. Er zitterte vor Empörung. »So geht das doch nicht! Ich werde mich beschweren, jawohl!«

»Eine Schande!«, gab der Mechanische ihm recht.

Da schlug ein gleißender lila Strahl in die Augen des Professors, und alles um ihn herum leuchtete auf – die Laterne, ein Teil des Holzpflasters, die gelbe Wand, die neugierigen Gesichter.

»Der zielt auf Sie!«, flüsterte der Dicke begeistert und zerrte mit seinem ganzen Gewicht an Persikows Ärmel. Etwas ratterte in der Luft.

»Zum Teufel mit allem!«, rief der Professor wehleidig und drängte sich aus der Menge heraus. Der Dicke klebte an seiner Seite. »He, Taxi! Zur Pretschistenka-Straße!«

Ein altes Kabriolett aus dem Jahre 1924, von dem schon der Lack abblätterte, stoppte zischend am Bürgersteig, und der Professor versuchte, den Dicken abzuschütteln und hineinzuklettern.

»Jetzt lassen Sie mich doch!«, fauchte er und versteckte das Gesicht hinter geballten Fäusten vor dem lila Licht.

»Schon gelesen? Schon gehört? Der Professor Persikow wurde in der Bronnaja erstochen, mitsamt all seinen lieben Kleinen!«

»Ich habe keine lieben Kleinen, verdammt noch mal!«, schrie Persikow und war auf einmal im Fokus eines schwarzen Apparats, das ihn sogleich im Profil erschoss, mit offenem Mund und blindwütigen Augen.

»Krrr … bromm … brumm!«, machte das Automobil und bahnte sich den Weg durch die Menge.

Darin saß neben dem Professor der Dicke und hielt seine Seite warm.

Kapitel 5

Die Geschichte mit den Hühnern

In dem Städtchen Steklowsk (ehemaliges Troizk) in der Kostroma-Provinz trat eine Frau mit Kopftuch und im grauen Kleid mit Blümchenmuster aus ihrem Häuschen in der Karl-Radek-Straße (ehemalige Kathedralenstraße) und brach in Tränen aus. Diese Frau – und es handelte sich um keine andere als Drosdowa, Witwe des ehemaligen Erzpriesters der ehemaligen Kathedrale – heulte so laut, dass im Haus gegenüber bald ein anderer tuchumwickelter Frauenkopf im Fenster erschien und rief:

»Was denn, schon wieder?«

»Schon die siebzehnte!«, verkündete die ehemalige Erzpriesterwitwe unter Tränen.

»Och Gottchen«, jammerte die andere und schüttelte den Kopf mitsamt dem Tuch, »so etwas! Ja, da zürnt uns wohl der liebe Gott! Ist tot, was?«

»Schau sie dir an!«, schluchzte die Witwe. »Schau sie dir bloß an!«

Das schiefe graue Tor klappte auf und zu, nackte Füße stampften über die staubige, hügelige Straße, und die tränennasse Witwe führte die Nachbarin auf ihren Geflügelhof.

Es war nämlich so: Nachdem ihr Mann, Sawwatij Drosdow, 1926 an der neuen antireligiösen Realität verstorben war, hatte die Drosdowa nicht den Mut verloren, sondern sich in Geflügelzucht hervorgetan. Sobald die Geschäfte in Gang gekommen waren, landete eine dermaßen exorbitante Steuerforderung im Briefkasten der Witwe, dass es mit der Hühnerzucht beinah vorbei gewesen wäre – doch gute Leute wussten Rat. Und zwar sollte die Witwe den örtlichen Behörden mitteilen, dass sie eine sozialistische Geflügelzuchtgenossenschaft gründe. Die Genossenschaft hatte drei Mitglieder: Drosdowa selbst als Vorsitzende, ihre treue Magd Matrjoschka sowie ihre taubstumme Nichte. Sogleich wurde der Witwe die Steuer erlassen, und die Hühnerzucht gedieh weiter – so sehr, dass 1928 etwa zweihundertfünfzig Glucken auf dem staubigen Hof zwischen den Ställen scharrten, darunter sogar edle Cochin-Hennen. Jeden Sonntag wurden die Witweneier nicht nur auf dem örtlichen Stadtmarkt verkauft, sondern auch in der Bezirkshauptstadt Tambow – und gelegentlich erschienen sie sogar in Moskau, im Schaufenster der ehemaligen Tschitschkin-Molkerei.

Nun stolperte aber schon die siebzehnte Henne, diesmal eine heiß geliebte Brahma, über den Hof und übergab sich. »Gack …ack …grlll«, würgte das arme Tier und rollte so hoffnungslos mit den Augen, als sehe es die Sonne zum letzten Mal. Vor ihr hockte das Genossenschaftsmitglied Matrjoschka mit einem Becher Wasser.

»Glucklein, Liebes, komm, ein Schlucklein!«, flehte Matrjoschka sie an und schob den Becher unter den Schnabel, doch die Henne wollte nicht trinken. Sie öffnete den Schnabel und warf den Kopf zurück. Dann erbrach sie Blut.

»Gott im Himmel!«, rief die Besucherin und schlug die Hände über der Brust zusammen. »Das gibt es doch nicht!

Kommt ja der reinste Lebenssaft raus! Das habe ich noch nie gesehen, dass ein Vogel sich so mit dem Magen abquält, wie ein Mensch, so wahr mir Gott helfe!«

Diese Worte dienten der armen Glucke als Sterbegebet. Auf einmal kippte sie um, vergrub den Schnabel hilflos im Staub und verdrehte die Augen. Dann rollte sie auf den Rücken, streckte die Beine in die Höhe und blieb reglos liegen. Matrjoschka ließ den Becher fallen und heulte mit tiefer Stimme auf; die Genossenschaftsvorsitzende heulte mit. Die Besucherin aber beugte sich zu ihr und flüsterte ihr eifrig ins Ohr:

»Ich schwöre, da hat jemand den bösen Blick auf deine Hühner geworfen. So was hab ich noch nie erlebt, so eine Hühnerkrankheit gibt es doch überhaupt nicht! Ich sage dir, die sind verhext, die Hühner.«

»Teufelswerk!«, rief die Witwe gen Himmel. »Die bringen mich noch ins Grab!«

Zur Antwort war ein lautes Kikeriki zu hören, und ein zerrupfter, dürrer Hahn wankte seitwärts aus dem Hühnerstall, als käme er aus der Kneipe. Er rollte mit den Augen, taumelte und breitete adlergleich seine Flügel aus, doch anstatt hochzufliegen, begann er, wie ein angebundenes Pferd in Kreisen über den Hof zu rennen. Beim dritten Kreis blieb er stehen, würgte, hustete, übergab sich, spuckte Blut und fiel schließlich um, die Beine wie Masten zur Sonne gerichtet. Auf dem Hof ertönte das Wehklagen der Frauen, die Hühnerställe antworteten mit rastlosem Gegacker und Gerumpel.

»Ich sag ja, Hexerei! Ruf Pfarrer Sergius, er soll hier ein Gebet sprechen!«

Um sechs Uhr abends, als das feurige Gesicht der Sonne

tief zwischen den Visagen der jungen Sonnenblumen stand, hatte Pfarrer Sergius, der Vorsteher der Kathedrale, das Gebet beendet und entledigte sich gerade seiner Stola. Neugierige Köpfe lugten über den Holzzaun und schauten durch die Ritzen. Die verzweifelte Witwe küsste das Kruzifix und reichte Pfarrer Sergius einen angerissenen, tränennassen, kanariengelben Rubelschein, woraufhin dieser seufzte und etwas über den Herrgott murmelte, der uns wohl zürne. Dabei wirkte er, als wüsste er ganz genau, warum und wem der Herrgott zürnte, auch wenn er es nicht sagen würde.

Daraufhin verließ der Menschenauflauf die Straße, und da Hühner früh schlafen gehen, erfuhr niemand, dass zur selben Zeit im Stall von Drosdowas Nachbarn gleich drei Hennen und ein Hahn eingingen. Sie erbrachen genauso wie die von Drosdowa, nur eben in dem verschlossenen Stall und ohne Zeugen. Der Hahn stürzte kopfüber von der Sitzstange und war sofort tot. Was nun die verbliebenen Hennen der Witwe angeht, so starben auch diese allesamt gleich nach dem Gebet. Am Abend herrschte Totenstille in den Ställen, und der Boden war mit starren Geflügelleichen übersät.

Am nächsten Morgen wachte die Kleinstadt auf und war wie vom Blitz getroffen. Die Entwicklung hatte ungeheuerliche Ausmaße angenommen. Bis Mittag waren alle Hühner in der Karl-Radek-Straße tot, bis auf drei im Eckhaus, das der Bezirkssteuerprüfer mietete – aber in der nächsten Stunde krepierten auch diese. Am Abend summte Steklowsk wie ein Bienenstock: Das furchtbare Wort »Pest« rollte durch die Menge. Drosdowas Name kam in die Lokalzeitung, den *Roten Kämpfer*. Bald war der Artikel »Tatsächlich: Hühnerpest?« auch in Moskau zu lesen.

***

Inzwischen war Professor Persikows Leben seltsam geworden, rastlos, voller Aufregung. Kurzum, das Arbeiten wurde ihm unmöglich gemacht. Am Tag nach Alfred Bronskijs Besuch sah er sich gezwungen, das Telefon im Labor abzuschalten, indem er den Hörer neben dem Apparat liegen ließ. Am Abend darauf saß der Professor in der Straßenbahn, als er sich selbst auf dem Dach eines Hochhauses sah, auf dem in schwarzen Buchstaben *Arbeiterzeitung* stand. Der Doppelgänger auf dem Dach war flimmerig und grünlich, und doch sah man ihn klar genug auf dem weißen Bildschirm ins Taxi klettern, gefolgt von einer mechanisch angetriebenen, in Decken gehüllten Kugel. Mit geballten Fäusten verdeckte er sein Gesicht vor dem lila Strahl. Alsdann erschien eine feuerrote Unterschrift: »Professor Persikow wird im Automobil von unserem berühmten Reporter, Kapitän Stepanow, interviewt.« Tatsächlich war sogleich auch ein verschwommenes Kabriolett zu sehen, das an der Erlöserkathedrale vorbeifuhr. Darin zappelte der Professor und blickte wie ein gejagter Wolf.

»Das ist ja unmenschlich«, murmelte der Zoologe in der Straßenbahn.

Als er am Abend in seine Wohnung in der Pretschistenka zurückgekehrt war, erhielt er von seiner Haushälterin siebzehn Zettel mit den Telefonnummern von Personen, die während seiner Abwesenheit angerufen hatten, sowie eine mündliche Erklärung, sie, die Haushälterin, sei mit den Nerven am Ende. Der Professor wollte die Zettel allesamt zerreißen, hielt aber inne, als er sah, dass neben einer der Nummern »Volkskommissar für Gesundheit« stand.

»Was ist denn los?«, wunderte sich der weltfremde Wissenschaftler. »Was ist bloß mit denen los?«

Um Viertel nach zehn an dem gleichen Abend klingelte es an der Tür, und der Professor musste sich mit einem blendend gekleideten Bürger unterhalten. Abweisen konnte man ihn schlecht, denn auf seiner Visitenkarte stand zwar kein Name, dafür aber »Bevollmächtigter Leiter der Handelsabteilungen ausländischer Firmen in der Sowjetischen Republik.«

»Der Teufel soll ihn holen«, knurrte Persikow, legte seine Lupe und irgendwelche Diagramme zur Seite und sagte der Haushälterin: »Rufen Sie ihn rein, hier ins Arbeitszimmer, diesen Bevollmächtigten!«

Als dieser den Raum betrat, erkundigte sich der Professor derlei giftig, womit er dienen könne, dass der Bevollmächtigte zusammenzuckte. Unterdes schob Persikow sich die Brille auf die Stirn, dann zurück auf die Nase und betrachtete den Besucher eingehend. Dieser glänzte vor Brillantine und Edelsteinen; vor seinem rechten Auge saß ein Monokel.

»Was für eine widerliche Visage«, dachte Persikow.

Der Besucher erkundigte sich zunächst, ob er eine Zigarre rauchen dürfe, woraufhin Persikow ihn äußerst widerwillig einlud, Platz zu nehmen. Es folgte eine lange Entschuldigung für die späte Stunde: »Man bekommt Sie tagsüber ja nicht zu fassen, Herr Professor – ich meine, Sie sind kaum zu erwischen ...« Er kicherte glucksend wie eine Hyäne.

»Stimmt, ich habe zu tun!«, erwiderte Persikow so knapp, dass der Besucher wieder zusammenzuckte.

Trotzdem müsse er, der Bevollmächtigte, sich erlauben,

den berühmten Wissenschaftler zu stören. Zeit ist Geld, wie man so sagt ... Ob die Zigarre auch nicht störe?

»Hmpf«, erwiderte Persikow. Die Zigarre störe nicht.

»Sie haben doch den Strahl des Lebens entdeckt, nicht wahr?«

»Was für einen Strahl des Lebens denn? Das ist doch nur so ein Zeitungswort!«

Der Besucher kicherte. Die Bescheidenheit, die jeden großen Geist schmückt, wisse er zu schätzen, aber ... Es gäbe ja die Telegramme ... In Weltstädten wie Warschau und Riga sei der Strahl inzwischen bekannt. Die ganze Welt trage den Namen des Herrn Professors auf der Zunge ... Es sei aber auch bekannt, wie schwer Wissenschaftler es in der Sowjetunion haben, *entre nous soit dit*. Es höre doch niemand mit, oder? Nun ja, hierzulande wisse man Forschung nicht zu schätzen, daher dieser Besuch. Da wolle eben ein gewisser Staat dem Herrn Professor ohne jeglichen Eigennutz bei seiner Laborarbeit helfen. Warum Perlen vor die Räte werfen? Es sei bekannt, wie schwer der Herr Professor es 1920–21 gehabt habe, während dieser, hihi ... Revolution. Selbstverständlich streng geheim. Der Herr Professor würde den bewussten Staat mit den Ergebnissen seiner Arbeit bekannt machen und dafür großzügige Finanzierung erhalten. Er habe ja diese Kammer gebaut; nun, die technischen Zeichnungen wären spannend ...

Da holte der Besucher ein druckfrisches Bündel aus seiner Jackentasche.

Eine erste Kleinigkeit – sagen wir, fünftausend Rubel Vorschuss – könne der Herr Professor gerne sofort haben ... Ganz ohne Quittung. Ja, es würde den Bevollmächtigten geradezu beleidigen, wenn der Herr Professor auf einer Quittung bestünde …

»Raus hier!«, brüllte Persikow darauf mit solcher Wucht, dass das Klavier im Wohnzimmer hell klirrte.

Der Besucher verschwand so schnell, dass der wutentbrannte Persikow sich fragte, ob es sich nicht um eine Halluzination gehandelt hatte. Eine Minute später aber hatte er die Antwort.

»Sind's seine Galoschen?«, brüllte er in der Diele.

»Hat der Herr wohl vergessen«, kam zittrig zurück.

»Wegschmeißen!«

»Aber – er kommt sie ja sicher holen …«

»Dann eben der Hausverwaltung überreichen. Mit Quittung. Dass sie hier sofort weg sind! Jawohl, soll die Verwaltung sich mit den Spionsgaloschen abgeben!«

Die Haushälterin bekreuzigte sich, nahm die prachtvollen Ledergaloschen in die Hand und trug sie durch die Hintertür hinaus. Eine Weile blieb sie draußen stehen, dann verstaute sie die Galoschen im Kabuff.

»Erledigt?«, fragte Persikow wütend.

»Jawohl.«

»Die Quittung!«

»Aber der Verwaltungsvorsitzende, der kann doch nicht schreiben!«

»Ich. Will. Sofort. Eine Quittung. Irgendein Hundesohn dort wird doch wohl schreiben können!«

Die Haushälterin schüttelte nur den Kopf, ging weg und kam eine Viertelstunde später mit einem Zettel zurück. Darauf stand:

»Erhalten von Profe. Persi. 1 (ein) Paar Galo. Kolesow«

»Und das hier?«

»Der Abholzettel.«

Den Abholzettel trat Persikow mit Füßen, die Quittung aber legte er unter einen Briefbeschwerer. Dann verdüsterte irgendein Gedanke sein Gesicht. Er schnappte sich den Hörer, holte Pankrat im Institut ans Telefon und fragte ihn, ob alles in Ordnung sei. Pankrat knurrte etwas, das wohl heißen sollte, alles sei seines Erachtens in bester Ordnung. Doch auch das beruhigte den Professor nur für eine Minute. Mit zerfurchter Stirn blieb er am Hörer kleben und sagte Folgendes:

»Verbinden Sie mich doch bitte mit, Dings, der Lubjanka.[8] Merci ... So, wem soll ich das denn melden ... Da schauen dubiose Gestalten mit Galoschen bei mir rein ... Persikow, Professor der Staatsuniversität N 4 ...«

Da wurde auf einmal aufgelegt. Persikow schimpfte zwischen den Zähnen und ließ vom Telefon ab.

»Tässchen Tee?«, fragte die Haushälterin zaghaft.

»Nichts mit Tee! Hmpf, zur Hölle noch mal. Sind sie denn alle verrückt geworden?«

Genau zehn Minuten später empfing der Professor weitere Besucher in seinem Arbeitszimmer. Einer davon war ein angenehmer, rundlicher und sehr höflicher Zeitgenosse in bescheidener khakigrüner Feldjacke und Reithosen. Auf seiner Nase saß wie ein gläserner Schmetterling ein Zwicker. Insgesamt hatte er etwas von einem Engel, wenn Engel denn Lackstiefel trügen. Der andere, ein kleiner und mürrischer Mann, war in Zivilkleidung, die ihn jedoch zu beengen schien. Der dritte Besucher verhielt sich seltsam: Er blieb in der halbdunklen Diele stehen und behielt von dort aus das hell erleuchtete, von Rauchschwaden durchzogene Arbeitszimmer im Blick. Dieser Dritte war in Zivil und trug einen Zwicker mit dunklen Gläsern.

Die beiden im Arbeitszimmer zermürbten Persikow mit ihren Fragen zu den fünftausend Rubeln und zum Aussehen des Bevollmächtigten. Auch die Visitenkarte wurde eingehend studiert.

»Weiß der Geier«, murmelte Persikow. »Einfach nur eine abscheuliche Visage. Irgendwie entartet.«

»Hatte er zufällig ein Glasauge?«, krächzte der Kleine.

»Weiß der ... Obwohl, nein. Die Augen huschten immer umher.«

»Rubinstein?«, wandte sich der Engel leise an den Kleinen. Dieser schüttelte düster den Kopf.

»Rubinstein gibt doch nichts ohne Quittung her, nie im Leben. Das sieht nicht nach Rubinstein aus. Das ist ein dickerer Fisch.«

Die Geschichte mit den Galoschen erregte äußerst lebhaftes Interesse. Der Engel sagte nur ein paar Worte in den Hörer – »GPU hier. Ja, die staatliche politische Verwaltung. Den Hausverwaltungssekretär Kolesow in Professor Persikows Wohnung, sofort, mit den Galoschen« – und sogleich erschien der bleiche Kolesow, Galoschen in der Hand.

»Wassjenka!«, rief der Engel leise den Mann in der Diele. Dieser erhob sich schlaff und schlenderte, als säßen ihm die Beine zu locker am Leib, ins Arbeitszimmer. Seine Augen waren hinter dem dunklen Zwicker kaum zu sehen.

»Was ist?«, erkundigte er sich knapp und schlaff.

»Die Galoschen.«

Die Augen hinter den getönten Gläsern schweiften über

die Galoschen, und für einen Moment erhaschte Persikow, oder so schien es ihm zumindest, einen keinesfalls verschlafenen, sondern erstaunlich stechenden Seitenblick. Sogleich erlosch dieser wieder.

»Und, Wassjenka?«

»Was und? Sind halt Pelenschkowskis Galoschen«, meldete der Mann scheinbar lustlos.

Die Galoschen wurden sogleich in Zeitungspapier eingewickelt und der Hausverwaltung entzogen. Der Engel in der Feldjacke war sichtlich erfreut; er sprang auf und drückte eifrig die Hand des Professors; ja, er hielt sogar eine kleine Rede: Das Handeln des Professors mache ihm Ehre ... Der Professor könne ganz beruhigt sein ... Man werde ihn nicht mehr stören, weder im Institut noch zu Hause ... Maßnahmen werden getroffen, seine Kammer sei nun vollkommen sicher ...

»Könnten Sie die Reporter vielleicht erschießen lassen?«, erkundigte sich Persikow mit einem Blick über die Brille.

Diese Frage erheiterte die Besucher ungemein. Selbst der mürrische Kleine lächelte, und auch der Getönte in der Diele schmunzelte. Der Engel erklärte strahlend, dass ... nun ... es wäre schon eine gute Sache ... aber die Presse sei ja doch ... anderseits reife bereits ein ähnliches Projekt im Rat für Arbeit und Verteidigung heran ... ja nun, auf Wiedersehen!

»Was war das denn für ein Schurke?«

Da hörten alle auf zu lächeln, und der Engel erwiderte nebulös, es werde irgendein unbedeutender Schwindler sein, von keinerlei Interesse ... Trotzdem bitte er den Bürger Professor, die Ereignisse des Abends vollkommen geheim zu halten. Daraufhin verabschiedeten sich die Besucher.

Persikow kehrte in sein Arbeitszimmer zu den Diagrammen zurück, doch kam er wieder nicht zum Arbeiten. Der rote Knopf am Telefon leuchtete auf, und eine Frauenstimme erkundigte sich, ob er eine leidenschaftliche und attraktive Witwe mit einer Sieben-Zimmer-Wohnung heiraten wolle.

»Sie sollten sich behandeln lassen! Am besten von Professor Rossolimo!«, brüllte Persikow ins Telefon – das sogleich wieder klingelte.

Da wurde der Professor etwas weich in den Knien, denn es war eine recht bekannte Persönlichkeit aus dem Kreml. Diese fragte ihn lange und teilnahmsvoll zu seiner Arbeit aus und äußerte den Wunsch, das Labor zu besichtigen. Nachdem er aufgelegt hatte, wischte Persikow sich die Stirn ab und ließ den Hörer neben dem Apparat liegen. Sogleich ertönte in der Wohnung über ihm furchtbares Trompetengeheul und Walkürengeschrei – das Radio des Tuchfabrikdirektors brachte ein Wagnerkonzert im Bolschoi. Das Gejohle und Gepolter übertönend, erklärte der Professor seiner Haushälterin, dass er den Fabrikdirektor anklagen, sein Radio zerschlagen, ja aus Moskau wegziehen würde! Offenbar wolle man ihn geradezu aus der Stadt treiben! In seiner Wut zerschmetterte er eine Lupe und schlief schließlich im Arbeitszimmer auf dem Sofa ein, zu den zarten Klängen eines berühmten Pianisten, der im Bolschoi konzertierte.

***

Am nächsten Tag ging es mit den Überraschungen weiter. Mit der Straßenbahn am Institut angekommen, entdeckte Persikow auf der Haupttreppe einen unbekannten Bürger mit modischem grünem Bowler-Hut. Dieser war im Grunde noch zu ertragen: Er musterte Persikow zwar aufmerksam, stellte ihm jedoch keine Fragen. In der Vorhalle aber erwartete den Professor neben einem verdutzten Pankrat ein zweiter Bowler, der sich sogleich erhob und höflich grüßte:

»Guten Morgen, Bürger Professor.«

»Was wollen Sie?«, fragte Persikow wütend und riss sich mit Pankrats Hilfe den Mantel vom Leib. Doch der Bowler beruhigte ihn sogleich. Sanft flüsterte er ihm zu, der Professor sorge sich ganz grundlos: Er, der Bowler, befinde sich nämlich genau zu dem Zwecke hier, den Professor von aufdringlichen Besuchern zu befreien; zu der Tür des Labors würde sich nun niemand mehr Zugang verschaffen – und zu den Fenstern übrigens auch nicht. An dieser Stelle klappte der Unbekannte kurz das Revers seines Jacketts auf und ließ ein Abzeichen sehen.

»Tja … Das ist ja effiziente Arbeit …«, murmelte Persikow und fügte naiv hinzu: »Was werden Sie denn essen, wenn Sie immer hier sind?«

Darauf erklärte der Bowler mit einem schiefen Grinsen, man werde sich abwechseln.

Die nächsten drei Tage vergingen großartig. Zweimal hatte der Professor Besuch aus dem Kreml, und einmal kamen Studenten zur Prüfung. Diese ließ er allesamt durchfallen, und ihren Gesichtern war anzusehen, dass Persikow sie inzwischen mit geradezu übernatürlichem Entsetzen erfüllte.

»Sie und Zoologe? Es langt gerade zum Straßenbahnschaffner!«, kam aus dem Labor.

»Streng, was?«, erkundigte sich der Bowler bei Pankrat.

»So wahr mir Gott helfe! Wenn einer mal die Prüfung schafft, selbst da kommt er schweißnass da raus, und taumelt dann gleich in die Kneipe.«

Drei arbeitsvolle Tage verflogen also im Nu, doch am vierten Tag machte das wirkliche Leben wieder seine Ansprüche deutlich, und zwar in der Form einer schrillen Stimme von der Straße.

»Professor!«, rief diese ins offene Fenster.

Die Stimme hatte Glück: Der erschöpfte Persikow ruhte sich gerade aus, rauchte im Sessel und schaute mit rotumrandeten Augen schlaff in die Gegend. Er konnte nicht mehr. Und daher blickte er mit einiger Neugier aus dem Fenster, woraufhin er auf dem Bürgersteig Alfred Bronskij entdeckte. Den Mann mit der beeindruckenden Visitenkarte erkannte der Professor sogleich an der Zipfelmütze und dem Notizblock. Bronskij verneigte sich hingebungsvoll vor dem Fenster.

»Sie schon wieder?«, fragte der Professor. Er hatte gerade keine Kraft, sich zu ärgern, und irgendwie wollte er gerne wissen, was nun kommen würde. Hinter dem Fenster wähnte er sich in Sicherheit, und tatsächlich drehte sich der wachsame Bowler in der Straße sogleich zu Bronskij. Dieser lächelte zuckersüß.

»Nur ein paar Minütchen, mein lieber Professor!«, rief Bronskij vom Bürgersteig hoch. »Nur ein Frägelchen, ein rein zoologisches. Darf ich?«

»Ich bitte darum«, erwiderte Persikow mit lakonischer Ironie. Dieser Schurke hatte ja doch etwas Amerikanisches an sich, dachte er.

Darauf legte Bronskij die Hände zu einem Trichter zusammen und rief: »Was sagen Sie zu den Hühnern, mein lieber Professor?«

Persikow war verblüfft. Er setzte sich auf die Fensterbank, stieg wieder hinunter, drückte einen Knopf und verlangte lautstark, dass Pankrat den Mann auf dem Bürgersteig hereinlasse.

Als Bronskij im Labor erschien, war Persikow sogar so liebenswürdig, »Nehmen Sie Platz!« zu brüllen.

Mit einem bewundernden Lächeln setzte sich Bronskij auf den Drehhocker.

»Erklären Sie mir doch bitte eins«, sagte Persikow, »da schreiben Sie also für die Zeitung.«

»So ist es«, erwiderte Alfred respektvoll.

»Wie können Sie denn schreiben, wenn Sie nicht einmal anständig reden können? Was heißt hier ›ein Frägelchen‹? Und was soll ich ›zu den Hühnern‹ sagen? Ich rede nicht mit Hühnern! Sie meinten wohl ›über die Hühner‹?«

Bronskij kicherte respektvoll.

»Da haben wir Walentin Petrowitsch für.«

»Wer soll denn dieser Walentin Petrowitsch sein?«

»Leiter der literarischen Abteilung.«

»Aha. Nun gut, ich bin ja kein Philologe, lassen wir Ihren Petrowitsch. Was wollen Sie denn genau in Bezug auf Hühner wissen?«

»Alles, was Sie dazu sagen können, Professor!«

Bronskij zückte den Bleistift. Triumph funkelte in Persikows Augen.

»Da sind Sie bei mir ganz falsch, Gefiederte gehören nicht zu meinen Spezialgebieten. Da hätten Sie Emeljan Portugalow an der Staatsuniversität N 1 fragen sollen. Ich persönlich weiß sehr wenig …«

Bronskij lächelte begeistert: Den Humor des verehrten Professors wusste er zu schätzen. »Scherz: weiß wenig!«, notierte er.

»Falls es Sie aber interessiert, bitte. Nun also, das Haushuhn gehört zu den Hühnervögeln, *Galliformes* … Aus der Familie der Fasanenartigen.« Persikow sprach nun laut und schaute nicht zu Bronskij, sondern in die Ferne, wo er Tausende Zuhörer zu erblicken schien. »Jawohl, der Fasanenartigen, *Phasianidae.* Von der Gestalt her handelt es sich um Vögel mit ledrigem Kamm und zwei Lappen unter dem Unterkiefer. Tja … Gelegentlich aber auch nur mit einem zentralen Lappen. Nun, weiter. Die Flügel sind kurz und abgerundet … Der Schwanz mittellang, etwas gestuft, ja man könnte sagen dachförmig, die mittleren Federn sichelartig gebogen. Pankrat, bring mal das Modell Nr. 705 aus dem Modellraum, Haushahn im Querschnitt. Nicht nötig? Bring das Modell nicht, Pankrat! Ich wiederhole, ich bin kein Spezialist. Da müssen Sie schon zu Portugalow. Was wilde Hühner angeht, so fallen mir sechs Arten ein. Portugalow wird sicherlich mehr kennen … In Indien und auf dem malaysischen Archipel … Das Bankivahuhn beispielsweise siedelt im Himalaja-Vorgebirge, in ganz Indien, in Assam und Birma … Das Gabelschwanzhuhn, *Gallus varius*, auch Grünes Kammhuhn genannt, ist auf Lombok, Sumbawa und Flores heimisch. Auf der Insel Java finden Sie das prächtige *Gallus aeneus*, in Südostindien kann ich das sehr schöne Sonnerathuhn empfehlen. Irgendwo müsste ich eine Zeichnung haben … Was Ceylon betrifft, so haben wir hier das Ceylonhuhn, *Gallus lafayettii*, das nirgendwo sonst vorkommt.«

Bronskij kritzelte wie verrückt; die Augen quollen ihm fast aus dem Kopf.

»Wollen Sie sonst noch etwas wissen?«

»Also zu Hühnerkrankheiten, das wäre eigentlich ...«, flüsterte Alfred.

»Tja, ich bin da nicht der Spezialist. Da müssen Sie schon Portugalow fragen ... Wobei ... Nun, Bandwürmer, Saugwürmer, Vogelmilbenkrätze, die Hühnerläuse natürlich, auch bekannt als Federlinge, Flöhe, Hühnercholera, kruppös-diphtherische Schleimhautentzündung ... Pneumomykose, Tuberkulose, Hühnerräude ... Ach, alles Mögliche!« Persikows Augen funkelten. »Vergiftung, mit Schierling zum Beispiel, Tumore, Rachitis, Gelbsucht, Rheuma ... Oh, und die Purpura Schönlein-Henoch! Da bilden sich kleine Flecken auf dem Kamm, etwas schimmelartig ...«

Bronskij wischte sich mit einem bunten Taschentuch die Stirn ab.

»Was ist denn Ihrer Meinung nach der Grund der aktuellen Katastrophe, Professor?«

»Was für einer Katastrophe?«

»Wie, haben Sie etwa nicht gelesen, Professor?«

Der verblüffte Bronskij zog eine zerknitterte *Iswestija*-Seite aus seiner Aktentasche.

»Ich lese keine Zeitungen«, meldete Persikow mürrisch.

»Aber warum denn, Professor?«, fragte Alfred zärtlich, woraufhin prompt die Erklärung kam: »Weil darin immer Unsinn steht.«

»Nun also wirklich, Professor«, wisperte Bronskij sanft und öffnete die Zeitung.

»Was ist denn?«, fragte Persikow und erhob sich sogar. Nun sprangen in Bronskijs Augen Funken. Mit einem scharfen, lackierten Fingernagel unterstrich er die gigantische Schlagzeile über der ganzen Seite: »Hühnersterben in der Republik.«

»Wie?«, fragte Persikow und schob sich die Brille auf die Stirn.

Kapitel 6

Moskau im Juni 1928

Der Theaterplatz leuchtete. Die Lichter tanzten, erloschen, blitzten wieder auf. Weiß strahlten die Schweinwerfer der Busse, grün die der Straßenbahnen; über dem ehemaligen Muir-and-Mirrielees-Geschäft, über der aufgestockten neunten Etage, hüpfte eine bunte elektrische Frau hin und her, warf Buchstabe für Buchstabe ein Wort in die Luft: »Arbeiterkredit«. In dem kleinen Garten gegenüber dem Bolschoi-Theater, wo nachts der Springbrunnen in allen Farben spielte, drängte sich eine dröhnende Menschenmenge. Über dem Bolschoi schallte es aus einem riesigen Lautsprecher:

»Die huhnprophylaktischen Impfungen am Lefortowo-Veterinärinstitut haben großartige Ergebnisse hervorgebracht. Die Hühnersterblichkeit hat sich heute im Laufe des Tages halbiert ...«

Dann wechselte der Lautsprecher das Timbre, etwas knurrte darin, ein grüner Strahl ging über dem Theater an und aus, und eine wehleidige Bassstimme meldete:

»Es wurde eine außerordentliche Kommission zur Bekämpfung der Geflügelpest einberufen, darunter der Volksgesundheitskommissar, der Volkslandwirtschaftskommissar, der Viehzuchtleiter Genosse Ptacha-Porosjuk, die Professoren Persikow und Portugalow ... sowie der Genosse Rabinowitsch!«[9] Der Lautsprecher lachte und heulte wie ein Schakal. »Neue geflügelpestbezogene Interventionsversuche!«

In der Theaterallee, der Neglinnaja und auf der Lubjanka glühte es streifenweise weiß und violett; Licht spritzte, Sirenen heulten, Staub wirbelte. Der Menschenauflauf drängte sich vor den Mauern, an denen riesige, rot beleuchtete Aushänge angebracht waren:

»Jeglicher Verzehr von Hühnern und Hühnereiern ist untersagt und wird strengstens geahndet. Jeglicher Privatverkaufsversuch, etwa auf den Märkten, wird mit der Konfiszierung des gesamten Eigentums bestraft. Alle Bürger mit Eiern müssen diese dringend den örtlichen Polizeistationen zur Verfügung stellen.«

Auf dem Dach der Arbeiterzeitung stapelten sich auf der Leinwand himmelhoch die Hühner, und grünlich flirrende Feuerwehrleute richteten darauf Schläuche mit Kerosin. Dann schossen rote Säulen in die Höhe, der Rauch schwoll an, strömte, fetzte sich hoch, und eine feuerrote Aufschrift verkündete: »Hühnerleichenverbrennung auf dem Chodynka-Feld«.

Zwischen den grell erleuchteten Auslagen der bis drei Uhr nachts (mit Unterbrechungen fürs Mittag- und Abendessen) offenen Geschäfte klafften blind die zugenagelten Fenster der Eierhandlungen. Davor standen Polizisten, und immer wieder rasten an ihnen Krankenwagen vorbei, die heulend und zischend die schwerfälligen Busse überholten.

»Wieder einer zu viele faule Eier gefressen«, raschelte es in der Menge.

An der Ecke zur Neglinnaja erstrahlte im Licht grüner und orangeroter Laternen das weltbekannte Restaurant »Empire«.

Auf jedem Tisch lag neben einem tragbaren Telefon ein inzwischen likörverschmiertes Kartonschild mit der Aufschrift »Auf Mossowjet-Anordnung kein Omelett. Frische Austern eingetroffen.«

In einem anderen Restaurant, dem »Hermitage«, standen die humoristischen Sänger Schramms und Karmantschikow auf einer blendend beleuchteten Bühne unter erstickendem, leblosem, mit wehleidigen chinesischen Laternen durchzogenem Laub und sangen stepptanzend ein Werk der Dichter Ardo und Arguew:

»Mama, Mama, was sollen wir bloß machen
ohne Eier?«[10]

Das Wsewolod-Meyerhold-Theater (der namensgebende Gründer war bekanntermaßen 1927 verstorben, als ihm bei einer Boris-Godunow-Probe das Trapez mit den nackten Bojaren auf den Kopf fiel)[11] bewarb mit leuchtenden beweglichen Lettern das neue Stück des Bühnenschreibers Ehrendorg *Hühner gehen hops* unter der Regie des verdienten Künstlers Kuchtermann, eines Schülers von Meyerhold. Daneben, im »Aquarium«, lief unter großem Beifall die neonbeleuchtete und von halb nackten Frauen schimmernde Revue von Leniwzew: *Die Hühnersöhne.* Derweil trabten Zirkusesel schön ordentlich die Twerskaja entlang, mit baumelnden Laternen unter jedem Ohr und mit Leuchtplakaten: »Wieder im Programm! Rostands *Der Hahn Chantecler* im Korsch-Theater!«

Zeitungsjungen wuselten zwischen den Automobilen und schrien sich die Seele aus dem Leib:

»Entsetzlicher Fund im Untergrund! Bald kommt entsetzlicher Krieg in Polen! Entsetzliche Versuche des Professor Persikow!«

Im ehemaligen Nikitin-Zirkus, auf der angenehm nach Mist riechenden, riesigen braunen Arena, sagte der leichenweiße Clown Bom zu dem karierten, wie von Wassersucht aufgequollenen Clown Bim:

»Ich weiß, warum du so traurig bist!«

»Warum?«, piepste Bim mit dünnem Stimmchen.

»Du hast deine Eier vergraben, und die Polizei hat alles beschlagnahmt!«

»Hahahaaa!«, brüllte der Zirkus so laut, dass einem vor Freude und Wehmut das Blut in den Adern gefror; dass die Trapeze und Netze unter der alten Kuppel zitterten.

»Hoppla!«, riefen die Clowns durchdringend. Ein wohlgenährtes weißes Pferd trabte heraus, und auf seinem Rücken stand eine erstaunlich schöne, langbeinige Frau in himbeerrotem Trikot.

***

Ohne jemanden anzusehen oder zu beachten, ohne die sanften Stöße und die zärtlichen Rufe der Prostituierten zu erwidern, eilte der einsame, von Inspiration beseelte, von plötzlichem Ruhm gekrönte Persikow zu der Leuchtuhr an der Ausstellungshalle. Hier prallte er gedankenversunken mit einen seltsam altmodisch wirkenden Mann zusammen, wobei seine Finger schmerzhaft gegen den hölzernen Revolverholster an dessen Schulter stießen.

»Mist!«, entfuhr es Persikow. »Verzeihen Sie.«

»Verzeihung«, erwiderte der Unbekannte mit unangenehmer Stimme, und die Menschenmasse trug sie auseinander. Auf dem Weg zur Pretschistenka vergaß der Professor sogleich den Zusammenprall.

Kapitel 7

Fatum

Ob nun die Impfungen am Lefortowo-Veterinärinstitut so wirksam, die Quarantäne in Samara so effizient, die Maßnahmen gegen den Eierhandel in Kaluga und Woronesch so streng oder die Arbeit der Moskauer Sonderkommission so erfolgreich war – jedenfalls war die Union der Sowjetrepubliken zwei Wochen nach dem letzten Treffen zwischen Persikow und Bronskij gänzlich hühnerfrei. Hier und da lagen in den Höfen in der Provinz ein paar verwaiste Federn und trieben einem Tränen in die Augen; in den Krankenhäusern erholten sich die letzten Eierschlemmer von Blutdurchfall und Erbrechen. Der Verlust an Menschenleben belief sich im ganzen Land glücklicherweise auf nicht mehr als eintausend. Es kam auch nicht zu größeren Unruhen. In Wolokolamsk verkündete zwar ein Prophet, ausgerechnet die Kommissare seien an der Hühnerpest schuld, sein Erfolg war aber mäßig: Lediglich die Polizisten, die den Marktweibern ihre Hühner wegnahmen, mussten Prügel einstecken; dazu wurden auf dem Post- und Telegrafenamt ein paar Fenster eingeschlagen. Zum Glück ergriffen die tüchtigen Sicherheitsbehörden von Wolokolamsk gleich die nötigen Maßnahmen, sodass erstens der Prophet seine Tätigkeit einstellte und zweitens neue Fensterscheiben eingesetzt wurden.

Nachdem die Seuche im Norden bis nach Archangelsk und Sjumkin Wysselok vorgedrungen war, machte sie von allein Halt, da sie nicht weiterziehen konnte – das Weiße Meer gehört bekanntlich nicht zum Verbreitungsgebiet von Hühnern. Im Osten stoppte sie in Wladiwostok, denn danach kam der Ozean. Im äußersten Süden erlahmte und verschwand sie irgendwo in den wüsten Weiten von Ordubat, Dschulfa und Karabulak, und im Westen blieb sie erstaunlicherweise direkt an der polnischen und rumänischen Grenze stehen: Ob dort nun das Klima anders war, oder ob das Einfuhrverbot seitens der Nachbarländer funktioniert hatte, jedenfalls drang die Hühnerpest nicht weiter vor. Während die ausländische Presse laut und eifrig die nie dagewesene Seuche diskutierte, arbeitete die sowjetische Regierung im Stillen unermüdlich, rund um die Uhr. Und zwar wurde die Hühnerpest-Sonderkommission in die Sonderkommission zur Förderung und Wiederbelebung der Geflügelhaltung in der Republik umbenannt und um eine neue außerordentliche, sechzehn Genossen starke Mitgliedstroika ergänzt.[12] Es wurde die FreiEiGeGe (Freiwillige Ei- und Geflügelgesellschaft) gegründet; Persikow und Portugalow wurden ehrenhalber in den Vorstand berufen. Ihre Bilder erschienen in Zeitungen mit Überschriften wie »Massenkauf von Eiern aus dem Ausland« und »Mister Hughes sabotiert die Eierkampagne«. Besonders berühmt wurde ein giftiger Artikel des Journalisten Koletschkin mit seinem finalen Ausspruch: »Finger weg von unseren Eiern, Mister Hughes!«

Nach drei Wochen war Professor Persikow gänzlich überarbeitet und überfordert. Die Geflügelereignisse hatten ihn doppelt belastet und aus der Bahn geworfen. Ganze Abende verbrachte er bei Hühnerkommissionen und musste dazu lange Gespräche mit Alfred Bronskij und dem mechanischen Dicken über sich ergehen lassen. Zusammen mit Professor Portugalow, dem Privatdozenten Iwanow sowie dem Kollegen Borngart hatte er zahllose Hühner zu sezieren und zu mikroskopieren, um den Pesterreger zu finden, und dann auch noch in nur drei Abenden eine Broschüre »Zu Leberveränderungen im Hausgeflügel bei sogenannter Hühnerpest« zu verfassen.

Dabei hatte Persikow keine Lust auf die Arbeit im Geflügelbereich, denn sein Kopf war mit etwas ganz anderem beschäftigt – die Hühnerkatastrophe hatte ihn von der eigentlichen, der entscheidenden Sache abgelenkt, von dem roten Strahl. Ohne jede Rücksicht auf seine ohnehin schon prekäre Gesundheit verzichtete er auf Essen und auf Schlaf, um ein paar Stündchen für den Strahl zu finden. Manchmal fuhr er gar nicht erst nach Hause, sondern schlummerte auf dem Kunstledersofa im Labor, nachdem er die halbe Nacht an der Kammer und am Mikroskop verbracht hatte.

Mitte Juli hatte sich die Hektik etwas gelegt. Die umbenannte Kommission arbeitete nun in einem vernünftigeren Tempo, und Persikow kam zu seinem unterbrochenen Werk zurück. Neue Präparate kamen unter die Mikroskope; Frosch- und Fischlaich reifte mit märchenhafter Geschwindigkeit unter dem Strahl heran. Maßgeschneiderte Linsen kamen aus Königsberg angeflogen, und Ende Juli konstruierten die Mechaniker unter Iwanows Leitung zwei neue große Kammern, in denen der Strahl an der Basis so breit war wie eine Zigarettenschachtel und am Ende einen ganzen Meter im Durchmesser hatte. Persikow rieb sich freudig die Hände und machte sich an die Vorbereitung geheimnisvoller und komplizierter Versuche. Zuerst telefonierte er mit dem Volkskommissar für Bildung: Aus dem Hörer kam ein äußerst liebenswürdiges und hilfsbereites Quäken. Daraufhin wurde der Leiter der Tierzuchtabteilung der Oberkommission, Genosse Ptacha-Porosjuk, angerufen; auch dieser war äußerst zuvorkommend. Es ging um eine große Bestellung aus dem Ausland. Ptacha-Porosjuk versprach, sogleich nach Berlin und New York zu telegrafieren. Daraufhin meldete sich der Kreml, erkundigte sich mit sanfter, aber gewichtiger Bassstimme nach Professors Persikows Wohlergehen und fragte, ob er vielleicht ein Automobil gebrauchen könnte.

»Nein, danke. Ich nehme lieber die Straßenbahn«, erwiderte Persikow.

»Aber warum denn?«, wollte die geheimnisvolle Stimme mit nachsichtigem Lachen wissen.

Überhaupt sprachen alle mit Persikow entweder voller Respekt und Entsetzen, oder milde und geduldig wie mit einem kleinen (wenn auch groß gewachsenem) Kind.

»Ist schneller so«, erklärte Persikow.

»Wie Sie möchten«, gab die Stimme nach.

Eine weitere Woche verging; die Hühnerfragen wurden immer leiser und ferner, und Persikow konnte sich wieder voll und ganz dem Strahl widmen. Sein übermüdeter, übernächtigter Kopf fühlte sich transparent und leicht an, wie lichtdurchflutet.

Seine Augen waren inzwischen stets rot umrandetet; er nächtigte fast immer im Institut. Einmal verließ er seine zoologische Zuflucht und bestieg die Bühne in der riesigen Halle

»der Verwaltung zur Förderung der Versorgung von Forschern«. Sein Vortrag über den Strahl und seinen Einfluss auf die Eizelle war ein überwältigender Triumph. Die zischenden Bogenlampen gossen gleißendes Licht über die schwarzen Smokings der VeFöVeFo-Mitglieder und die weißen Kleider ihrer Damen; der Beifall im besäulten Saal ließ Putz von der Decke regnen. Auf einem Glastisch neben dem Podium saß ein klammer, katzengroßer Frosch, der immer grauer wurde und immer schwerer atmete. Zettel flogen aus dem Publikum auf die Bühne, darunter sieben Liebesbekundungen, die Persikow allesamt zerriss. Für die Abschlussverbeugung musste ihn der VeFöVeFo-Vorsitzende gewaltsam auf die Bühne schleppen. Gereizt ließ der Professor den Applaus über sich ergehen; seine Hände waren schweißnass, die schwarze Krawatte zum linken Ohr verrutscht. Im Dunst seines Atems waberten hunderte falbe Gesichter und weiße Hemdbrüste. Kurz blitzte ein gelbes Pistolenholster auf und verschwand hinter einer weißen Säule. Persikow nahm es verschwommen wahr und vergaß es sogleich. Nach dem Vortrag, als er auf den scharlachroten Treppenläufer trat, wurde ihm auf einmal schlecht. Für einen Augenblick verschwand der grelle Kronleuchter in der Halle hinter einem schwarzen Schleier; dem Professor schwindelte es … Er schien Verbranntes zu riechen und dann war es ihm, als ob heißes, klebriges Blut seinen Nacken hinunterflösse … Seine zittrige Hand umklammerte krampfhaft das Geländer.

»Ist Ihnen schlecht, Professor?«, ertönte es von allen Seiten.

»Geht schon, geht schon«, murmelte Persikow. »Bin nur überarbeitet … Tja … Könnte ich ein Glas Wasser haben?«

***

Es war ein sonniger Augusttag. Die Sonne störte den Professor, also wurden die Rollläden heruntergelassen. Nur der biegsame einbeinige Reflektor warf ein scharfes Lichtbündel auf den Glastisch mit den vielen Instrumenten und Linsen. In seinem Drehstuhl zurückgelehnt, rauchte Persikow eine Zigarette und blickte mit vor Erschöpfung leblosen, doch zufriedenen Augen in die halb offene Tür der Kammer, wo der rote Strahl die ohnehin schwüle und stickige Laborluft erwärmte.

Es klopfte.

»Ja?«

Die Tür knarrte sanft, und Pankrat betrat den Raum. Strammstehend, bleich in seiner Angst vor der Gottheit, meldete er: »Da steht Fatum[13] vor der Tür, Professor.«

So etwas wie ein Lächeln erschien auf dem Gesicht des Wissenschaftlers. Er kniff die Augen zusammen und erwiderte: »Wie spannend. Ich bin aber beschäftigt.«

»Der tut aber vom Kreml kommen, mit einem Schreiben von höchster Konstanz.«

»Fatum mit einem Schreiben? Na so was. Her mit ihm!«

»Jawohl« – und Pankrat entschlüpfte wie eine Natter durch den Türspalt.

Eine Minute später knarrte die Tür wieder, und darin erschien ein Mann. Persikow vollführte eine quietschende Drehung auf seinem Stuhl und betrachtete ihn über den Brillenrand. So sehr er von den Details des Lebens entfernt war, ja trotz seines völligen Desinteresses dafür, merkte selbst Persikow das Auffällige an dem Neuankömmling. Und zwar war er erstaunlich altmodisch. 1919 hätte er in der Hauptstadt eine gute Figur abgegeben, auch Anfang 1924 wäre er noch akzeptabel gewesen, aber 1928 wirkte er entschieden seltsam. Inzwischen bevorzugten selbst die rückständigsten unter den Proletariern, nämlich die Bäcker, legere Blazer; Militärkleidung hatte man in Moskau seit Ende 1924 nicht gesehen – dieser Mann aber trug eine doppelreihige Lederjacke, grüne Hosen, Halbstiefel mit Stulpen sowie einen riesigen Mauser der alten Bauart in einem abgewetzten gelben Holster. Sein Aussehen machte auf Persikow den gleichen Eindruck wie auf andere Menschen – und zwar einen äußerst unsympathischen. Die kleinen Äuglein schauten gleichzeitig erstaunt und selbstsicher, das rasierte Gesicht wirkte bläulich. Zudem hatten die kurzen Beine mit den flachen Füßen etwas unangenehm Familiäres. Persikow runzelte die Brauen. Dann ließ er den Stuhl wieder grässlich quietschen, blickte auf den Besucher nun nicht mehr über die Brille hinweg, sondern durch die Gläser, und fragte:

»Sie bringen Papiere? Wo sind sie?«

Die Einrichtung hatte den Mann offenbar verblüfft und geradezu eingeschüchtert, obwohl Schüchternheit nicht in seiner Natur zu liegen schien. Der mit Büchern vollgestopfte Schrank mit seinen zwölf Regalen, die bis zur Decke ragten, beeindruckte ihn besonders. Dann natürlich die Kammern mit dem höllisch roten, durch die vielen Linsen gefetteten Strahl. Auch Persikow selbst, wie er im Halbdunkel an der spitzen Ursprungsnadel des Strahls saß, wirkte recht bizarr und majestätisch. Der Besucher starrte ihn an, selbstsicher und doch mit einem Anflug von Ehrfurcht, überreichte ihm aber keinerlei Papiere, sondern sagte:

»Ich bin Alexander Fatum!«

»So? Und?«

»Ich bin mit der Leitung der Vorzeigekolchose ›Roter Strahl‹ betraut worden.«

»Und?«

»Und da suche ich Sie in einer vertraulichen Angelegenheit auf, Genosse.«

»Ich höre. Aber fassen Sie sich bitte kurz.«

Der Besucher schlug die Jacke auf, holte nun doch ein Weisungsschreiben auf wunderbar dickem Papier hervor und überreichte es Persikow. Dann setzte er sich uneingeladen auf den Drehhocker.

»Stoßen Sie mir nicht den Tisch an«, sagte Persikow hasserfüllt.

Der Mann warf einen erschrockenen Blick auf den Tisch, an dessen Rand leblose smaragdgrüne Augen aus einer feuchten dunklen Öffnung hervorblickten. Ihre Kälte ließ Fatum schaudern.

Sobald Persikow zu Ende gelesen hatte, stand er auf und schnappte sich das Telefon. Wenige Sekunden später polterte er schon höchst gereizt:

»Verzeihung ... Ich verstehe nicht! Wie ist das möglich? Ich ... Ohne mein Einverständnis! Ohne zu fragen! Er wird doch weiß der Teufel was anrichten!«

Der Besucher drehte sich beleidigt zu ihm.

»Ich muss schon bitten!«, schaltete er sich dazwischen. »Ich bin mit der Lei–«

Doch Persikow winkte mit dem gekrümmten Zeigefinger ab und sprach weiter ins Telefon.

»Das kann ich einfach nicht verstehen. Verzeihung, aber

da muss ich protestieren. Kategorisch protestieren! Ich kann keine Experimente mit Eiern sanktionieren. Nicht bevor ich es selbst versucht habe!«

Der Hörer quakte und rasselte, doch selbst durch diesen Lärm war die Nachsicht am anderen Ende zu hören, als wäre der Professor ein kleines Kind. Am Ende schmetterte der tomatenrote Persikow den Hörer auf die Gabel und sagte zur Wand:

»Ich gebe auf.«

Er kehrte zum Tisch zurück, nahm wieder das Schreiben, las es von oben bis unten über die Brille hinweg durch, dann von unten bis oben durch die Brille hindurch und schrie schließlich:

»Pankrat!«

Pankrat erschien in der Tür wie ein Gespenst in einer Oper. Persikow starrte ihn an und brüllte:

»Raus hier, Pankrat!«

Pankrat verschwand ohne das geringste Anzeichen vor Erstaunen.

Dann drehte sich Persikow zu dem Besucher um und erklärte:

»Nun gut. Ich gehorche. Mich geht es nichts an. Es interessiert mich auch nicht.«

Der Mann war eher verblüfft als verletzt.

»Verzeihen Sie, Genosse –«, setzte er an.

»Was soll denn dieses ›Genosse‹ die ganze Zeit«, murmelte Persikow mürrisch.

Das ist ja allerhand, stand Fatum ins Gesicht geschrieben.

»Verzeih –«

Doch der Professor unterbrach ihn wieder. »Nun also. Das

hier ist die Bogenlampe. Wenn Sie das Okular bewegen«, Persikow öffnete den Deckel der Asbestkammer, die einem riesigen Fotoapparat ähnelte, »erhalten Sie einen Strahl, den Sie fokussieren können, indem Sie erstens die Linsen … und zweitens, hier, den Spiegel bewegen.« Persikow löschte den Strahl auf dem Boden der Kammer, zündete ihn dann wieder an. »Hier können Sie dann was auch immer auf den Boden unter den Strahl legen und damit nach Lust und Laune experimentieren. Ganz einfach, nicht wahr?«

Damit wollte Persikow Ironie und Verachtung zum Ausdruck bringen, der Besucher merkte diese aber nicht, sondern musterte mit glänzenden Äuglein die Kammer.

»Aber seien Sie gewarnt«, fuhr Persikow fort, »stecken Sie die Hände nicht in den Strahl, denn nach meinen Beobachtungen verursacht er Wucherungen des Epithels. Ob diese bösartig sind oder nicht, habe ich leider noch nicht feststellen können.«

Der Mann versteckte die Hände schnell hinter dem Rücken, wobei er seine Lederkappe fallen ließ, und warf einen Blick auf die Hände des Professors. Sie waren ganz orange vor Jod, die Rechte am Gelenk bandagiert.

»Wie machen Sie das denn, Professor?«

»Sie können sich Gummihandschuhe bei Schwabe auf der Kusnezki-Brücke kaufen«, erwiderte dieser gereizt. »Das ist nun wirklich nicht meine Sache!«

Dann schaute Persikow den Mann an, als würde er durch eine Lupe blicken:

»Wieso sind Sie hier aufgetaucht? Und überhaupt … Was sind Sie?«

Nun war Fatum aber tatsächlich beleidigt.

»Verzei–«

»Ich muss doch wissen, was Sache ist! Wieso sind Sie so versessen auf diesen Strahl?«

»Weil es sich um Staatsräson –«

»Aha! Staatsräson? In diesem Fall … Pankrat!«

Pankrat erschien.

»Warte, ich muss es mir noch überlegen.«

Pankrat verschwand.

»Was ich nicht verstehe«, erklärte Persikow, »ist eins: Warum denn so dringend und geheim?«

»Da bringen Sie mich aber ganz durcheinander, Professor! Sie wissen doch, dass alle Hühner abgekratzt sind?«

»Ja und?«, schrie Persikow. »Wollen Sie, dass sie alle auf einen Schlag wiederauferstehen oder wie? Und zwar mithilfe eines Strahls, der gar nicht richtig erforscht ist?«

»Genosse Professor, also wirklich, da werde ich ganz kirre! Ich sag doch, wir müssen mit der Hühnerzucht wieder anfangen, sonst schreiben die im Ausland die garstigsten Sachen über uns. Jawohl.«

»Sollen die doch …«

»Also wirklich«, erwiderte Fatum kopfschüttelnd.

»Wer ist denn überhaupt auf die Idee gekommen, mit dem Strahl Hühner auszubrüten?«

»Ich.«

»Aha … Soso … Warum denn, wenn ich fragen darf? Woher wissen Sie um die Eigenschaften des Strahls?«

»Ich war bei Ihrem Vortrag dabei, Professor.«

»Mit Eiern habe ich doch noch gar nicht experimentiert! Ich habe es erst vor!«

»Wird schon klappen!« Auf einmal sprach Fatum gefühlvoll und überzeugend. »Ihr Strahl ist so berühmt, damit lassen sich auch Elefanten ausbrüten, und Küken erst recht.«

»Wissen Sie was«, sagte Persikow nachdenklich, »Sie sind kein Zoologe, oder? Schade ... Sie haben Sinn für kühne Experimente. Nur ... es ist ja ein großes Risiko ... Wenn es doch nicht funktioniert ... Würde mir nur die Zeit stehlen.«

»Sie bekommen die Kammern zurück!«

»Was soll das heißen? Wann?«

»Sobald die erste Partie ausgebrütet ist.«

»Sie klingen so sicher! Nun gut. Pankrat!«

»Ich habe meine Leute dabei. Und eine Wache ...«

Abends war das Labor verwaist, die Tische leer.

Fatums Leute hatten die drei großen Kammern mitgenommen; dem Professor blieb nur die kleine, mit der er seine Experimente angefangen hatte.

Die Julidämmerung sank herab, ein fahles Grau nahm das Institut in Beschlag, floss durch die Gänge. Im Labor hörte man monotone Schritte – Persikow durchmaß den großen Raum, ohne Licht einzuschalten. Unerklärlicherweise überkam an jenem Abend eine tiefe Melancholie nicht nur alle Menschen im Institut, sondern auch alle Tiere. Ganz besonders schwermütig fiel das Krötenkonzert aus, düster und bedrohlich war ihr Quaken. Pankrat musste auf dem Gang eine Natter fangen, die aus ihrer Kammer entflohen war; die gefangene Natter machte den Eindruck, als hätte sie sich davongemacht, weil es ihr im Institut unerträglich wurde.

Als es schon ganz dunkel war, klingelte es aus Persikows Labor. Pankrat erschien in der Tür. Und sah etwas höchst Seltsames. Der Wissenschaftler stand mitten im Raum und starrte die Tische an. Pankrat hüstelte und erstarrte.

»Tja, Pankrat«, sagte Persikow und zeigte auf einen leeren Tisch.

Pankrat erschrak. Im Dunklen schienen die Augen des Professors verweint. Es war unerhört, entsetzlich!

»So isses«, erwiderte Pankrat wehleidig. Ihm wäre es lieber, der Professor hätte ihn angeschrien.

»Tja«, wiederholte Persikow, und seine Unterlippe zitterte wie die eines Kindes, dem man ohne jeden Grund sein Lieblingsspielzeug weggenommen hatte.

»Weißt du, Pankrat, mein Bester«, fuhr Persikow fort und drehte sich zum Fenster, »meine Frau, sie hat mich ja vor fünfzehn Jahren verlassen, war dann Operettensängerin – jetzt ist sie gestorben ... Habe ich gerade erfahren, Pankrat, mein Freund ... Ein Brief ...«

Die Kröten quakten weinerlich, Dunkelheit sank auf den Professor hinab. Da war sie, die Nacht. Moskau ... Weiße Leuchtkugeln gingen in den Fenstern an. Pankrat stand vor Schreck und Verwirrung stramm.

»Geh, Pankrat«, brachte der Professor heraus und winkte ab. »Mein guter Pankrat, geh schlafen, mein Lieber.«

Es war Nacht. Pankrat rannte aus dem Labor – aus irgendeinem Grund auf Zehenspitzen –, kam in seinem Kämmerlein an, wühlte in einem Haufen Lumpen in der Ecke, holte eine geöffnete Wodkaflasche hervor und gurgelte mit einem Mal ein gutes Teeglas herunter. Darauf genehmigte er sich eine Scheibe Brot mit Salz, und seine Augen wurden etwas fröhlicher.

Noch später, gegen Mitternacht, saß Pankrat barfuß auf einer Bank in der spärlich beleuchteten Eingangshalle, kratzte sich die Brust unter dem bunten Hemd und sagte zu dem schlaflosen diensthabenden Bowler:

»Besser, er hätte mich umgebracht, so wahr mir Gott helfe!«

»Tatsächlich geweint?«, fragte der Bowler neugierig.

»So wahr mir Gott –«

»Ein großer Wissenschaftler«, meinte der Bowler. »Klar, so ein Frosch ist keine Frau.«

»Ja eben«, gab Pankrat ihm recht.

Dann dachte er eine Zeit lang nach und fügte hinzu:

»Ich überlege mir, mein Weib hierherzubringen … Was soll sie denn auf dem Lande hocken … Nur kann sie diese Viecher nicht ausstehen.«

»Die sind schon widerlich«, bestätigte der Bowler.

Aus dem Labor war nichts zu hören. Auch das Licht war aus. Kein Streifen war unter der Tür zu sehen.

Kapitel 8

Die Geschichte in der Kolchose

Unbestreitbar: Es gibt keine schönere Zeit als Ende August auf dem Lande – sagen wir, in der Provinz Smolensk. Der Sommer 1928 war bekanntlich ganz besonders prächtig; die Frühlingsregen waren zur rechten Zeit gekommen, die Sonne schien prahl und heiß, die Ernte war ausgezeichnet. Auf dem ehemaligen Anwesen der Scheremetjews reiften die Äpfel, die Wälder grünten, die Rechtecke der Felder lagen sattgelb da ... Der Mensch wird besser in der Natur. Auch Genosse Fatum schien weniger unangenehm. Die abstoßende Lederjacke hatte er abgelegt, sein Gesicht war braun gebrannt, im Ausschnitt des bunten Hemdes erschien eine dicht schwarzbehaarte Brust, die Beine steckten in Leinenhosen. Die Augen blickten ruhiger und sanfter.

Beschwingt lief er die säulenumstandene Treppe hinunter – über der ein Stern und die Aufschrift »KOLCHOSE ROTER STRAHL« prangte –, und geradewegs zu dem kleinen Lastwagen mit einem Hausmeister, einem Mechaniker und drei schwarzen Kammern.

Den ganzen Tag verbrachten Fatum und seine Helfer damit, die Kammern im ehemaligen Wintergarten der Scheremetjews zu installieren. Abends war alles fertig. Unter der Glasdecke leuchtete eine matte Kugel auf, die Kammern wurden auf Ziegeln platziert, und der Mechaniker drehte an glänzenden Ventilen, knipste und schaltete so lange, bis auf dem Asbestboden der schwarzen Boxen der geheimnisvolle rote Strahl aufleuchtete.

Fatum war eifrig bei der Sache, kletterte sogar persönlich die Leiter hoch, um die Verkabelung zu testen.

Am nächsten Tag kam der Lastwagen zurück und spuckte drei Kisten aus wunderbar glattem Sperrholz heraus, von allen Seiten mit Etiketten beklebt, auf denen auf Deutsch und Russisch zwei Wörter standen: »VORSICHT: EIER!«

»Warum denn so wenige?«, wunderte sich Fatum, vergaß die Frage aber sogleich beim Auspacken. Dieses fand ebenfalls im Wintergarten statt, durchgeführt von: Fatum selbst; seiner ungewöhnlich voluminösen Gattin Manja; dem einäugigen ehemaligen Gärtner der ehemaligen Scheremetjews, der an der Kolchose den Universalposten des Hausmeisters angetreten hatte; der Hausmeister, der mit den Eiern angekommen und nun zum Leben in der Kolchose verdammt war, und schließlich der Putzfrau Dunja. Hier, so weit von Moskau, war alles einfacher, freundlicher, ja gemütlicher. Fatum gab die Anweisungen und beäugte liebevoll die Kisten – drei kompakte, solide Gaben – unter dem sanften Abendlicht der hohen Wintergartenfenster. Der Hausmeister, dessen Gewehr friedlich an der Tür döste, riss mit einer Zange die Klammern und Metallbänder auf. Es knackte, Staubwolken stiegen hoch. Fatum stapfte in seinen Sandalen um die Kisten herum.

»Da müssen Sie schon vorsichtiger sein«, ermahnte er den Wächter. »Sanfter! Sehen Sie denn nicht: Es sind Eier!«

»Keine Sorge!«, krächzte dieser und bohrte fröhlich ins Holz. »Gleich haben wir es!«

Drrrr …. Es regnete Staub.

Die Eier waren erstklassig verpackt: Unter dem Holzdeckel kam erst mal eine Schicht Wachspapier, dann eine Schicht Löschpapier, dann jede Menge Holzspäne und schließlich Sägemehl, aus dem weiße Eierspitzen schauten.

»Westliche Verpackung!«, sagte Fatum liebevoll und wühlte zwischen den Holzspänen. »Das ist ja mal ganz andere Qualität. Vorsicht, Manja, du machst sie noch kaputt!«

»Bist du ganz blöd im Kopf, mein Guter?«, erwiderte die Frau. »Meinst du, ich hab nie im Leben Eier gesehen? Oh! Was sind die groß!«

»Ausland eben!« Fatum legte die Eier auf den Holztisch. »Hierzulande hat der einfache Mann ganz andere Eier … Sind wohl alles Brahma-Hühner! Deutsche Qualität!«

»So was von«, bestätigte der Wächter bewundernd.

»Komisch nur, dass sie schmutzig sind«, meinte Fatum nachdenklich. »Manja, pass du auf das Auspacken auf, ich gehe mal telefonieren.«

Und Fatum durchquerte den Hof und betrat das Kolchosebüro.

Kurz darauf klingelte im Labor des Zoologischen Instituts das Telefon. Professor Persikow fuhr sich mit beiden Händen durch das Haar und nahm ab.

»Ja?«

Es zischte, dann meldete eine Frau leise: »Ein Anruf aus der Provinz.«

»Ich höre«, sagte Persikow angewidert ins schwarze Maul des Telefons. Dort knackte es, und dann erklang in seinem Ohr eine besorgte männliche Stimme:

»Soll ich die Eier waschen, Professor?«

»Wie bitte? Was? Was wollen Sie wissen?«, fragte Persikow gereizt. »Wer ruft an? Von wo?«

»Nikolskij, Provinz Smolensk.«

»Ich kenne keinen Nikolskij. Wer spricht da?«

»Fatum«, sagte der Hörer unerbittlich.

»Wie Fatum? Ach so … Sie sind's … Was wollen Sie wissen?«

»Soll ich sie waschen? Da sind Hühnereier aus dem Ausland gekommen …«

»Und?«

»Da ist so Dreck dran …«

»Da verwechseln Sie etwas. Was soll da schon für Dreck dran sein? Also etwas Schmutz könnte schon … Etwas Kot … Oder sonst irgendeine Verunreinigung …«

»Also nicht waschen?«

»Natürlich nicht. Sie wollen die Eier jetzt schon in die Kammern setzen?«

»Schon dabei.«

»Hm.«

»Ciao!«, zischte der Hörer und wurde still.

»*Ciao!*«, wiederholte Persikow hasserfüllt zu dem Privatdozenten Iwanow. »Wie finden Sie diese Gestalt?«

Iwanow lachte:

»Der war das? Ich stelle mir lebhaft vor, was es da für einen Eierkuchen gibt!«

Persikow stotterte vor Wut. »Ste-stellen Sie es sich nur vor, Kollege! Nun gut … Vielleicht hat der Strahl auf das Deutoplasma eines Hühnereis ja tatsächlich die gleiche Wirkung wie auf das Plasma von Amphibien. Kann schon sein. Es ist auch gut möglich, dass da Küken schlüpfen. Aber es kann doch kein Mensch sagen, was für welche! Vielleicht sind sie überhaupt nicht zu gebrauchen! Vielleicht krepieren sie nach ein paar Tagen. Vielleicht sind sie giftig! Ich kann nicht einmal dafür bürgen, dass sie aufstehen können – womöglich bekommen sie brüchige Knochen!« In seiner Aufregung gestikulierte Persikow wild und zählte an den Fingern ab.

»So ist es«, gab Iwanow ihm recht.

»Und können Sie etwa sagen, Kollege, ob sie fortpflanzungsfähig sein werden? Vielleicht züchtet er sterile Hühner. So groß wie Hunde, aber nach einer Generation aus und vorbei!«

»Gut möglich«, bestätigte Iwanow.

»Und dabei so familiär!«, heizte Persikow sich auf. »So unverfroren! Und diesen Stümper soll ich jetzt auch noch einweisen!« Persikow zeigte auf das Schreiben, das Fatum mitgebracht hatte und das nun auf dem Experimentiertisch lag. »Wie weise ich aber bitteschön diesen Ignoranten ein, wenn ich doch selbst nichts zu dieser Problematik weiß?«

»Hätten Sie denn nicht nein sagen können?«

Persikow lief blutrot an, nahm das Schreiben und zeigte es Iwanow. Dieser las es durch und lächelte ironisch.

»Tja ...«

»Und beachten Sie bitte: Ich warte seit zwei Monaten auf meine Bestellung, und es regt sich nichts. Dieser Bursche aber – sofort hat er seine Eier bekommen, und überhaupt die tatkräftigste Unterstützung!«

»Das wird ihm nichts nützen, Herr Professor. Am Ende kommen Ihre Kammern einfach zurück.«

»Hoffentlich bald! Meine Versuche werden doch aufgehalten ...«

»Ja, das ist nicht gut. Ich habe alles fertig.«

»Und die Schutzkleidung?«

»Heute angekommen.«

Persikow beruhigte sich etwas; Leben kam in sein Gesicht.

»Aha … Ich denke mal, wir machen es wie folgt. Die Labortüren werden wir fest verschließen und das Fenster öffnen.«

»Natürlich.«

»Es sind drei Helme da?«

»Jawohl.«

»Gut … Also einer für Sie, einer für mich, und dann können wir den dritten noch einem Studenten überlassen.«

»Grünmut vielleicht?«

»Der für Sie jetzt mit Salamandern arbeitet? Hm … Er ist nicht schlecht … Obwohl, warten Sie, diesen Frühling wusste er nicht, wie die Schwimmblase der Nacktzähner funktioniert!«, erinnerte sich Persikow nachtragend.

»Nun, das … Er ist aber wirklich ein guter Student«, nahm Iwanow ihn in Schutz.

»Eine schlaflose Nacht müssen wir eben durchstehen«, plante Persikow weiter. »Aber wissen Sie was, Kollege, testen Sie bitte das Gas – wer weiß, was diese Sowchemleute da für Zeugs liefern.«

»Nein, nein«, Iwanow machte eine beruhigende Geste. »Das Gas habe ich gestern schon ausprobiert. Das muss man ihnen schon lassen, Herr Professor, das Gas ist erstklassig.«

»An wem ausprobiert?«

»An gemeinen Kröten. Ein Sprühstoß und fertig. Aber eine Sache sollten wir zur Sicherheit noch tun. Schreiben Sie doch an die GPU, die sollen Ihnen mal einen elektrischen Revolver schicken.«

»Damit kann ich doch gar nicht umgehen ...«

»Das übernehme ich. Wir haben mal auf der Datscha einen ausprobiert, nur so zum Spaß. Da war ein Nachbar von mir bei der GPU. Eine tolle Sache, wirklich beeindruckend. Lautlos, aus hundert Schritt Entfernung. Wir haben auf Krähen geschossen ... Da brauchen wir das Gas eigentlich gar nicht.«

»Hm. Interessante Idee ... Doch, doch ...«

Persikow ging zum Telefon, nahm den Hörer ab und quakte:

»Verbinden Sie mich doch bitte mit ... Dings ... der GPU. Mit Lubjanka.«

***

Der Sommer war außergewöhnlich heiß. Über den Feldern sah man die Hitze wie eine transparente Fettschicht flirren. Die Abende waren wunderbar, grün und trügerisch. Mondschein lag auf dem ehemaligen Anwesen der Scheremetjews, und der Anblick war zu schön für Worte. Der Kolchosepalast glitzerte, als wäre er aus Zucker, die Schatten regten sich im Park, und die Teiche teilten sich entzwei: die eine Hälfte mondessilbern, die andere schwarz und unendlich tief. Der Mond schien so hell, dass man leicht die *Iswestija* hätte lesen können, bis auf den Schachteil in Nonpareille[14]. Aber natürlich war niemand in diesen Nächten mit der *Iswestija* beschäftigt ... Die Putzfrau Dunja verschlug es in den Hain hinter der Kolchose, und der Zufall wollte es so, dass der Fahrer des alten kleinen Lastwagens sich mitsamt seinem roten

Schnurrbart ebendort einfand. Wie genau sie sich dort die Zeit vertrieben, ist nicht weiter bekannt. Jedenfalls fanden Sie Zuflucht im unzuverlässigen Schatten einer Ulme, auf dem aufgeschlagenen Ledermantel des Fahrers. In der Kolchoseküche brannte Licht, dort saßen zwei Gemüsebauern beim Abendessen; Frau Fatum aber hatte es sich im weißen Negligé auf der Säulenveranda gemütlich gemacht und träumte im Mondenschein.

Gegen zehn Uhr, als das Dorf Konzowka hinter der Kolchose still wurde, erklang in der dämmerigen Landschaft das liebliche Singen einer Flöte. Nun erst, als diese süßen Laute über den Hainen und Säulen des ehemaligen Scheremetjew-Palastes schwebten, war die Idylle vollkommen. In der *Pique Dame* verwoben sich die Stimmen der zarten Lisa und der leidenschaftlichen Polina, flogen zusammen hoch zum Monde, eine Vision der alten, und doch so unendlich geliebten, zu Tränen rührenden Welt …

»Der letzte Strahl der Dämmerung erlischt …«

Die Flöte trillerte und seufzte.

Still wurde es im Hain, und Dunja, verhängnisvoll wie eine Rusalka,[15] lauschte der Musik, die Wange an der rauen und so maskulinen Wange des Fahrers mit dem roten Schnurrbart.

»Na der kann aber tuten, der Hundesohn!«, sprach der Fahrer, und sein starker Arm umfasste Dunjas Taille.

Die Flöte wurde von niemand anderem als dem Kolchoseleiter höchstpersönlich gespielt – und zwar, man muss es zugeben, vortrefflich. Es ist nämlich so, dass Alexander Fatum früher einmal beruflich dieses Instrument gespielt hatte. Bis 1917 war er Mitglied in Maestro Petuchows bekanntem Ensemble gewesen, das jeden Abend das Foyer des gemütlichen Kinotheaters »Zauberträume« in Jekaterinoslaw mit harmonischen Melodien füllte. Dann aber kam das große Jahr 1917, das so viele Menschen auf neue Wege geführt hatte – auch den Flötisten. Er verließ die Zauberträume, verließ die staubige Kunstseide des Foyers, tauschte die Flöte gegen den mörderischen Mauser und stürzte sich ins offene Meer des Krieges und der Revolution. Lange trieb ihn dieses Meer auf seinen Wellen, immer wieder spuckte es ihn aus – mal auf der Krim, mal in Moskau, mal in Turkestan oder sogar in Wladiwostok. Es hatte die Revolution gebraucht, damit dieser Mensch sich entfalten konnte. Ja, er war nicht für das Foyer der »Zauberträume« geschaffen, sondern zu Großem berufen. Ohne unnötig ins Detail zu gehen, sagen wir nur, dass er das Jahr 1927 und den Anfang von 1928 in Turkestan verbrachte, wo er zuerst Redakteur einer wichtigen Zeitung wurde und dann als Lokalmitglied der Landwirtschaftsoberkommission mit erstaunlichen Beiträgen zur Bewässerung Turkestans beeindruckte. 1928 kam Fatum für den wohlverdienten Urlaub nach Moskau. Die Hauptkommission der Organisation, deren Parteibuch in der Hosentasche dieses äußerlich provinziellen und altmodischen Mannes so gut aufgehoben war, wusste seinen Einsatz zu schätzen und fand für ihn eine ruhige und ehrenvolle Position. Aber ach! Zum Unglück der Republik wollte Fatums brodelnde Energie nicht abebben. In Moskau erfuhr er von Persikows Entdeckung, und in seinem Zimmer des Hotels »Pariser Kommune« kam er auf die großartige Idee, mit dessen Strahl das sowjetische Huhn innerhalb eines Monats wiederzubeleben. Die Tierzuchtkommission lauschte aufmerksam, billigte das Vorhaben, und so war es gekommen, dass Fatum mit dem Schreiben auf gutem Papier den kauzigen Zoologen aufgesucht hatte.

Die Flötenklänge schwebten über den gläsernen Wässern und Wäldchen, die *Pique Dame* neigte sich bereits dem Ende zu, als die Darbietung vorzeitig enden musste. Die Hunde in Konzowka, die längst schon hätten schlafen sollen, brachen nämlich auf einmal in ein furchtbares Gebell aus, das in unsäglich quälendes chorisches Heulen überging. Das Heulen schwoll an, flog über die Felder, und als Antwort kam das millionenstimmige Knattern und Rattern der Frösche aus den Teichen. All das war so unheimlich, dass der Zauber der geheimnisvollen Nacht für einen Augenblick verblich.

Genosse Fatum ließ seine Flöte liegen und ging auf die Veranda.

»Manja, hörst du das? Verdammte Hunde … Was haben die bloß, was meinst du?«

»Woher soll ich das wissen?«, erwiderte Manja und richtete den Blick zum Mond.

»Wollen wir uns die Eierchen anschauen?«, schlug ihr Gatte vor.

»Meine Güte, du bist ja ganz verrückt geworden mit deinen Eiern und Hühnern. Ruh dich doch ein bisschen aus!«

»Nein, Manja Liebes, komm doch!«

Im Wintergarten brannte helles Licht. Dunja kam auch vorbei, das Gesicht glühend, die Augen glänzend. Der Kolchoseleiter öffnete sanft die Kontrollfenster, und alle schauten in die Kammern. Auf dem weißen Asbestboden lehnten schön aufgereiht leuchtend-rote, bunt besprenkelte Eier. Alles war still, bis auf das Zischen der 15 000 Kerzen starken Leuchtkugel.

»Wie ich die Küken ausbrüten werde!«, verkündete der Enthusiast und schaute mal seitlich, durch die Kontrollfenster, hinein, mal von oben, durch die großen Lüftungslücken. »Ihr werdet schon sehen! Oh ja!«

»Wissen Sie was«, sagte Dunja lächelnd, »die Leute in Konzowka meinen, Sie sind der Antichrist. Die sagen, es sind Teufelseier, und in der Maschine ausbrüten ist eine Sünde. Da gab es welche, die wollten Sie umbringen.«

Fatum zuckte zusammen und drehte sich zu seiner Frau. Sein Gesicht wurde gelb.

»Na so was! Diese Ignoranten! Wie soll man mit so abergläubigem Volk denn etwas zustande bringen?! Manja Liebes, da muss eine Versammlung her. Morgen rufe ich die Arbeiter aus der Gegend herbei und halte eine Rede. Hier ist jede Menge Aufklärung zu leisten ... Diese Hinterwäldler!«

»Total rückständig«, sprach der Wächter, der es sich auf seinem Mantel bei der Tür des Wintergartens bequem gemacht hatte.

Höchst seltsame, ja unerklärliche Ereignisse läuteten den nächsten Tag ein. Anstatt wie sonst den ersten Sonnenschein mit unaufhörlichem, energischem Vogelgezwitscher zu begrüßen, schwiegen morgens früh die Haine. Alle merkten das. Es war wie vor einem Gewitter. Doch es gab kein Gewitter. Die Gespräche in der Kolchose nahmen eine seltsame, für ihren Leiter recht ungünstige Färbung an, insbesondere weil ein als Onkel Ziegenkropf in ganz Konzowka bekannter Unruhestifter und Volksphilosoph behauptete, alle Vögel hätten noch vor dem Sonnenaufgang die Gegend um das Scheremetjew'sche Anwesen in großen Schwärmen verlassen und seien in den Norden geflogen, was schlichtweg Unsinn war.

Zutiefst betrübt, verbrachte Genosse Fatum den ganzen Tag damit, mit der benachbarten Stadt Gratschowka zu telefonieren. Diese versprach ihm, am übernächsten Tag Referenten zu zwei Themen zu schicken, und zwar: die internationale Lage und die FreiEiGeGe.

Auch der Abend brachte Überraschungen. Während morgens früh die Haine verstummt waren und sich eine verdächtige, unfreundliche Stille zwischen den Bäumen breitgemacht hatte, während mittags alle Spatzen vom Kolchosehof verschwunden waren, kam abends auch vom Teich nicht das leiseste Geräusch. Dies war nun wirklich erstaunlich, denn das berühmte Knattern der Scheremetjew-Frösche hörte man sonst meilenweit. Nun war die Gegend wie ausgestorben. Keine einzige Stimme drang vom Teich; still stand das Schilf. Man muss zugeben, der Kolchoseleiter war nun wirklich bestürzt. Über all diese Ereignisse wurde inzwischen geredet, und zwar auf die denkbar unangenehmste Weise, nämlich hinter seinem Rücken.

»Seltsam ist es schon«, sagte er beim Essen zu seiner Frau. »Wieso sollten die Vögel denn auf einmal wegfliegen?«

»Woher soll ich das wissen?«, erwiderte diese. »Vielleicht hat dein Strahl sie verjagt?«

Fatum warf den Löffel hin. »Eine dumme Gans bist du, Manja! Also wirklich, wie die Bauern! Was hat der Strahl denn mit irgendwas zu tun?«

»Keine Ahnung. Lass mich doch!«

Nachts passierte dann eine dritte Überraschung – wieder heulten die Hunde in Konzowka los, und wie! Ein unaufhörliches Stöhnen lag über den mondbeschienenen Feldern, ein wütendes, wehmütiges Klagen.

Der Kolchoseleiter fand schließlich Trost in einer weiteren, diesmal freudigen Überraschung im Wintergarten. Und zwar klopfte es inzwischen unaufhörlich in den Kammern. Tock! tock! tock! – kam es mal aus dem einen, mal aus dem anderen, mal aus dem dritten roten Ei.

Diese Geräusche verhießen den reinsten Triumph. Die unheimlichen Ereignisse in den Hainen und am Teich waren vergessen. Alle trafen sich im Wintergarten: Die Manja und die Dunja, der Hausmeister und der Wächter, der sein Gewehr an der Tür gelassen hatte.

»Und? Und, was sagt ihr?«, fragte Fatum siegessicher. Alle pressten neugierig die Ohren an die Tür der ersten Kammer. »Da klopfen sie mit ihren Schnäbelchen, meine Küken!« Er strahlte. »Habt ihr gedacht, ich brüte die Küken nicht aus? Oh doch, meine Lieben!« In seinem Gefühlsüberschwang klopfte er dem Wächter auf die Schulter. »Mit meinen Küken könnt ihr was erleben!« Streng fügte er hinzu: »Jetzt aber gut aufpassen! Sobald welche sich ans Schlüpfen machen, sogleich mir Bescheid sagen.«

»Jawohl«, antworteten der Wächter, der Hausmeister und Dunja im Chor.

Tock … tock … tock … rumorte es mal in einem, mal im anderen Ei in der ersten Kammer. Mitzuerleben, wie unter der dünnen, durchsichtigen Schale neues Leben entstand, war so spannend, dass alle noch lange auf umgekippten, leeren Kisten saßen und die scharlachroten Eier in dem geheimnisvoll flackernden Licht beim Reifen beobachteten. Schlafen gingen sie erst, als eine grünliche Nacht sich über der Kolchose und Umgebung gebreitet hatte. Unheimlich war diese Nacht, ja geradezu fürchterlich, wohl weil ihre absolute Stille nur durch eine Sache immer wieder unterbrochen wurde – das wehleidige Jaulen der Hunde in Konzowka. Was mit der verdammten Meute los war, konnte niemand sagen.

Am nächsten Morgen erwartete den Kolchoseleiter eine Unannehmlichkeit. Der Wächter war höchst betroffen, presste sich die Hände ans Herz, schwor bei allem, was heilig ist, er habe nicht geschlafen – und trotzdem nichts bemerkt.

»Komische Sache«, behauptete er. »Ich kann da nichts für, Genosse Fatum!«

»Na vielen Dank aber auch! Vielen herzlichen Dank!«, schimpfte der Leiter. »Was haben Sie sich dabei gedacht, Genosse? Was war Ihre Aufgabe? Aufpassen! Also sagen Sie mir doch, wo die hin sind! Sie sind doch geschlüpft, oder? Und dann verschwunden! Also haben Sie die Tür offengelassen und sind gegangen? Dass ich meine Küken wiederhabe!«

Schließlich war der Wächter beleidigt. »Wohin soll ich denn gegangen sein? Ich weiß, was sich gehört! Ganz grundlos tun Sie mich schimpfen, Genosse Fatum!«

»Wo sind sie denn dann?«

»Woher soll ich das wissen?«, platzte der Wächter. »Ist es etwa mein Job, Küken zu fangen? Nein, es ist mein Job, aufzupassen, dass niemand die Kammern mopst. Bitte sehr, da sind die Kammern! Hühnern nachzujagen, das schreibt das Gesetz mir nicht vor. Wer weiß, was da für Küken herauskommen bei Ihnen, vielleicht sind die ja nicht mal mit dem Fahrrad einzuholen!«

Den Kolchoseleiter stockte, brummte etwas und ließ schließlich seinem Erstaunen freien Lauf. Es war ja wirklich eine komische Sache. In der ersten Kammer, die am längsten bestrahlt wurde, waren zwei Eier ganz nah an der Basis des Strahls aufgebrochen, und eins davon sogar zur Seite gerutscht. Im roten Licht lag auf dem Asbestboden eine zerbrochene Schale.

»Wie denn zum Teufel«, murmelte der Leiter, »die Fenster sind zu ... Sie können doch nicht durchs Dach rausgeflogen sein!«

Er warf den Kopf zurück und betrachtete die großen Löcher im Glasdach.

»Ach wo!«, rief Dunja. »Dass Küken fliegen! Die werden hier schon irgendwo sein ... Putt-putt-putt!« Sie machte sich daran, alle Ecken des Wintergartens abzusuchen. Doch zwischen den staubigen Blumenvasen, Brettern und sonstigem Schrott waren keine Küken zu sehen.

Die gesamte Belegschaft lief stundenlang über den Kolchosehof und suchte die flinken Küken – vergebens. Es war ein aufwühlender Tag. Der Hausmeister wurde zusätzlich zu dem Wächter zur Bewachung der Kammern abkommandiert und erhielt die strengste Anordnung, alle fünfzehn Minuten in die Kontrollfenster zu schauen und, falls etwas sein sollte, sofort den Genossen Fatum zu rufen. Der Wächter saß mürrisch an der Tür, das Gewehr zwischen den Knien. Genosse Fatum rannte so geschäftig hin und her, dass er erst nach ein Uhr zum Mittagessen kam. Anschließend schlief er ein Stündchen im angenehmen Schatten auf dem ehemaligen Scheremetjew-Sofa, trank jede Menge kolchosegegärten Zwieback-Kwass[16], suchte den Wintergarten auf und stellte fest, dass dort alles in bester Ordnung war.

Der alte Hausmeister lag bäuchlings auf einer Flechtmatte und blinzelte ins Kontrollfenster der ersten Kammer. Der Wächter wachte in der Tür.

Es gab auch Neuigkeiten: Die Eier in der dritten Kammer, die zuletzt bestückt worden war, schmatzten und klapperten, und es schien, als würde in ihnen jemand leise schluchzen.

»Da reifen die!«, sagte der Kolchoseleiter. »Da reifen sie so richtig fein, das hört man!« Und er wandte sich an den Hausmeister: »Tolle Sache, was?«

»Eine ganz erstaunliche Sache«, antwortete dieser kopfschüttelnd in einem ganz und gar zweideutigen Ton.

Genosse Fatum hockte noch eine Zeit lang an den Kammern, doch in seiner Anwesenheit schlüpfte nichts, also stand er wieder auf, reckte sich und sagte, er bleibe vor Ort, gehe nur kurz im Teich baden; falls etwas ist, solle man ihn sofort rufen. Er schaute in seinem Schlafzimmer im Palast vorbei, wo zwei schmale Sprungfederbetten mit zerknittertem Bettzeug standen und auf dem Boden ein Haufen grüner Äpfel lag, sowie Berge von Hirse für die künftigen Küken. Hier wappnete er sich mit einem flauschigen Badetuch und nahm, wo er schon dabei war, auch seine Flöte mit, um in einer ruhigen Minute über den stillen Wässern zu musizieren. Munter verließ er den Palast, durchquerte den Kolchosehof und lief einen weidengesäumten Weg entlang zum Teich. Ja, munter lief er, schwenkte das Badetuch, die Flöte unter dem Arm. In die Lücken zwischen den Weiden ergoss der Himmel seine Hitze; der Leib schmachtete, sehnte sich nach Wasser. Rechts begann ein Klettengewirr, und Fatum spuckte im Vorbeigehen hinein. Sogleich hörte er in der Tiefe des Blätterdickichts ein Rascheln, als würde jemand einen Baumstamm über den Boden schleifen. Mit einem flauen Gefühl drehte der Kolchoseleiter den Kopf zu den Kletten und schaute sie verwundert an. Der Teich war seit zwei Tagen still. Das Rascheln legte sich; über den Kletten glänzte einladend das ruhige Wasser und das graue Dach des Badehäuschens. Ein paar Libellen drehten Pirouetten. Er wollte schon weitergehen, zu dem hölzernen Steg, als das Rascheln im Grünen sich wiederholte, diesmal von einem kurzen Zischen begleitet, als würde Öl und Dampf einer Lokomotive entwischen. Fatum richtete den angespannten Blick ins dichte Unkraut.

»Warte mal«, hörte er in diesem Moment seine Gattin rufen. Ihre weiße Bluse blitzte zwischen Himbeersträuchern auf, verschwand und erschien wieder. »Ich komme mit baden.«

Sie eilte zum Teich, doch ihr Mann gab ihr keine Antwort. Die Kletten bannten seinen Blick. Eine graugrüne Säule begann aus ihrem Dickicht zu steigen und stieg immer weiter. Fatum meinte, darauf feuchte gelbliche Flecken zu sehen. Die Säule schwang sich in die Höhe, bis sie die niedrige, knorrige Weide überragte. Dann knickte sie oben ein, beugte sich leicht nach unten, und Genosse Fatum sah etwas vor sich, das ungefähr so hoch war wie ein Moskauer Lichtmast. Nur war dieses etwas dreimal dicker als ein Mast und, dank dem Schuppenmuster, auch viel schöner. Noch ohne zu begreifen, was er sah, aber mit fröstelnder Magengrube, blickte Fatum die furchtbare Säule empor, und sein Herzschlag setzte aus. Eisiger Winter schien sich über den Augusttag zu legen; alles verschwamm vor seinen Augen, als blickte er die Sonne durch eine Leinenhose an.

Ganz oben auf der Säule war ein Kopf. Es war flach, lief spitz zu und war mit einem runden gelben Fleck auf olivgrünem Grund geschmückt. Lidlose, eiskalte, schmale Augen saßen im Dachgeschoss dieses Kopfes, und in diesen Augen schimmerte rasende, grenzenlose Wut. Der Kopf machte eine Hackbewegung in der Luft, und die ganze Säule glitt in die Kletten zurück. Nur noch die Augen waren jetzt zu sehen, starr auf Fatum gerichtet. Mit klebrigem Schweiß bedeckt, sagte er, vor Angst dem Wahnsinn nahe, etwas gänzlich Unpassendes, als er in diese Augen über den Blättern blickte, und zwar:

»Was sind das denn für Scherze.«

Dann dachte er an Fakire … In Indien … Ja, genau … Ein Bild vor Augen, ein Weidenkorb … Beschwörung.

Der Kopf schoss wieder hoch, der Körper schwenkte sich wieder langsam in die Luft. Der Kolchoseleiter hielt sich die Flöte an die Lippen, piepste heiser und begann, nach Atem ringend, den Walzer aus »Eugen Onegin«. Die Augen im Grünen funkelten sogleich mit unerbittlichem Hass für diese Oper.

»Bist du denn ganz von Sinnen, bei dieser Hitze zu spielen?«, fragte Manja fröhlich, und aus dem Augenwinkel sah der Flötist rechts einen weißen Fleck.

Dann durchdrang ein betäubendes Kreischen die ganze Kolchose, es schwoll an und füllte den Himmel; der Walzer hüpfte wie angeschossen auf und ab. Der Kopf zuckte aus dem Dickicht, die Augen ließen den Kolchoseleiter los, gaben seine Seele frei. Die zehn Meter lange, menschendicke Schlange schoss wie eine Sprungfeder aus den Kletten. Eine Wolke stob vom Pfad hoch, und der Walzer stoppte. Die Schlange schnellte an dem Leiter vorbei und auf die weiße Bluse zu. Fatum sah ganz deutlich: Manja wurde gelblichweiß, und ihr langes Haar richtete sich auf, als wäre es aus Draht. Vor seinen Augen öffnete die Schlange das Maul, in dem eine Art Gabel aufblitzte, schnappte Manja, die gerade in den Staub sank, mit den Zähnen an der Schulter, und riss sie in die Luft hoch. Wieder und zum letzten Mal zerschnitt Manjas Schrei die Luft. Die Schlange wand sich zu einer riesigen Schraube, ihr Schwanz wirbelte einen Staubsturm hoch, und sie machte sich daran, Manja totzuquetschen. Diese machte keine Geräusche mehr; Fatum konnte nur ihre Knochen bersten hören. Hoch über dem Boden erschien Manjas Kopf, zärtlich an den Kopf der Schlange gepresst. Aus Manjas Mund schoss Blut, kleinere Fontänen spritzten unter den Fingernägeln hervor, ein gebrochener Arm war zu sehen. Dann verrenkte die Schlange den Kiefer, sperrte das Maul auf und zog ihren Kopf über den von Manja. Nun schob sie sich über den toten Körper wie ein Handschuh über einen Finger. Der heiße Atem der Schlange berührte Fatums Gesicht, und der Schwanz hätte ihn beinahe in den Staub geworfen. Es war in diesem Moment, dass sein Haar ergraute. Erst die linke und dann die rechte Hälfte seines rußschwarzen Kopfes wurde silbern. Vom Brechreiz gewürgt, riss er sich endlich vom tödlichen Anblick los, und stürzte, blind und wild heulend, davon.

Kapitel 9

Die kriechende Masse

Schukin, Agent der staatlichen politischen Verwaltung in Dugino, war ein sehr mutiger Mensch. Nachdenklich sagte er zu seinem Genossen, dem rothaarigen Politis:

»Fahren wir hin, was? Starte mal das Motorrad.« Dann schwieg er kurz und wandte sich an den Mann, der auf der Bank saß: »Lassen Sie die Flöte doch liegen.«

Doch der zitternde Grauhaarige ließ sie nicht los, sondern weinte und gab gequälte Laute von sich. Schukin und Politis begriffen, dass sie ihm selbst die Flöte aus der Hand nehmen müssen. Die Finger hatten sich um sie festgekrampft. Schukin, der überaus stark war, fast zirkusreif stark, begann, einen Finger nach dem anderen geradezubiegen. Die Flöte wurde auf den Tisch gelegt.

Es war an einem frühen sonnigen Morgen am Tag nach Manjas Tod.

»Sie kommen mit«, sagte Schukin zum Kolchoseleiter, »zeigen uns, was und wo …« Doch Fatum schreckte zurück und bedeckte sein Gesicht mit den Händen wie vor einer entsetzlichen Vision.

»Sie müssen es uns schon zeigen«, sagte Politis streng.

»Nein, lass ihn doch. Du siehst ja, er ist nicht bei sich.«

»Schicken Sie mich nach Moskau!«, bat Alexander Fatum weinend.

»Gehen Sie denn gar nicht mehr zurück in die Kolchose?«

Anstatt einer Antwort presste er sich die Hände wieder aufs Gesicht, und reines Grauen floss aus seinen Augen.

»Na gut«, beschloss Schukin. »Ich sehe, Sie sind wirklich nicht fähig ... Gleich kommt der Schnellzug, den können Sie nehmen.«

Während der Stationswächter dem Kolchoseleiter etwas Wasser einzuflößen versuchte, wobei dessen Zähne gegen den zerkratzen blauen Becher klapperten, berieten sich Schukin und Politis. Politis vermutete, dass in Wirklichkeit nichts passiert war, dass Fatum einfach geisteskrank war und eine schlimme Halluzination hatte. Schukin hingegen neigte zu der Annahme, dass aus Gratschowka, wo gerade ein Zirkus gastierte, eine Königsboa entwischt war. Als er ihr zweifelndes Flüstern vernahm, erhob sich Fatum. Er war ein wenig zu sich gekommen und sprach mit ausgebreiteten Armen wie ein biblischer Prophet:

»So hört doch. Hört doch! Wieso glaubt ihr nicht? Es gab sie doch. Wo ist meine Frau?«

Schukin wurde ernst und still; sofort telegrafierte er nach Gratschowka. Auf seinen Befehl wurde Fatum ein dritter Agent zugeteilt, um ihn nach Moskau zu begleiten. Dann machten sich Schukin und Politis an die Vorbereitung zur Expedition. Sie hatten nur einen einzigen elektrischen Revolver, aber auch einer dürfte reichen. Ein Fünfzig-Schuss-Modell aus dem Jahr 1927, der Stolz der französischen Kurzdistanz-Technik, schoss zwar nur hundert Schritt weit, hatte aber dafür ein Trefferfeld von zwei Metern im Durchmesser, und innerhalb dieses Feldes wurde alles Lebendige vollständig vernichtet. Danebenschießen konnte man kaum. Schukin steckte sich dieses glänzende Spielzeug in den Holster, und Politis nahm ein herkömmliches, kleines Maschinengewehr, das für fünfundzwanzig Schuss am Stück gut war, dazu einiges an Munition. Dann schwangen sie sich beide auf ein Motorrad und sausten in der feuchten Morgenkühle zur Kolchose. Die Maschine legte die zwanzig Kilometer in einer Stunde zurück (Fatum hatte für den Weg zur Station die ganze Nacht gebraucht, was aber auch daran gelegen hatte, dass er sich immer wieder in Todesangst im Gras versteckt hatte). Als die Hitze schon spürbar wurde, sahen sie auf dem Hügel über dem Flüsschen den zuckerweißen Palast mit seinen Säulen und Grünanlagen. Alles war totenstill. Vor der Einfahrt zur Kolchose überholten die Agenten einen Bauern auf einem Karren. Mit irgendwelchen Säcken beladen, schleppte sich dieser langsam voran und blieb bald hinter ihnen zurück. Das Motorrad sauste über die Brücke, und Politis hupte energisch. Darauf kam jedoch keine Antwort bis auf das entfernte wutschäumende Bellen der Hunde in Konzowka. Das Motorrad drosselte vor dem Tor mit den grünen Bronzelöwen. Die staubbedeckten Agenten in gelben Gamaschen sprangen ab, ketteten ihre Maschine ans Gitter und betraten den Hof. Die Stille überwältigte sie.

»Hallo? Irgendjemand da?«, rief Schukin laut.

Doch niemand schien seine tiefe Stimme zu vernehmen. Die beiden liefen quer über den Hof, und ihre Verwunderung wuchs mit jedem Schritt. Politis runzelte die Stirn. Schukins Blick wurde immer ernster, die hellen Brauen zogen sich immer mehr zusammen. Durch das geschlossene Fenster warfen sie einen Blick in die Küche: Diese war leer, der Boden mit weißen Scherben übersät.

»Hier ist ja wirklich etwas passiert. Sieht man jetzt. Eine Katastrophe«, sprach Politis.

»Hallo, irgendjemand da! Hallo!«, rief Schukin immer wieder, hörte aber nichts als ein Echo vom Gewölbe.

»Weiß der Teufel«, brummte er. »Sie hat die doch nicht alle auf einmal aufgefressen. Sind wohl auseinandergelaufen. Gehen wir rein.«

Die Tür der säulengesäumten Veranda stand sperrangelweit offen; der Palast war leer. Die Agenten kletterten sogar auf den Dachboden, klopften, öffneten jede Tür, fanden aber rein gar nichts, und traten durch die verödete Veranda wieder in den Hof.

»Drehen wir noch eine Runde. Zum Wintergarten«, beschloss Schukin. »Haben wir dort alles abgesucht, können wir die Zentrale anrufen.«

Die Agenten liefen den gemauerten Weg entlang, an den Blumenbeeten vorbei, zum Hinterhof, durchquerten diesen und sahen die glänzenden Fenster des Wintergartens.

»Warte mal«, flüsterte Schukin und schnallte seinen Revolver ab. Politis spannte sich an und nahm das Maschinengewehrchen in die Hände. Ein seltsames hallendes Geräusch drang aus dem Gebäude, wie das Fauchen einer Dampflokomotive. Saaa...suuu...sss... zischte der Wintergarten.

»Vorsicht«, warnte Schukin leise, und die beiden Agenten versuchten, sich geräuschlos den Fenstern zu nähern. Dann schauten sie in den Wintergarten.

Bleich zuckte Politis zurück. Schukin sperrte den Mund auf und erstarrte, den Revolver in der Hand.

Der ganze Wintergarten war eine einzige wimmelnde Masse. Sie verknäulte und entknäulte sich, wand sich und zischte, suchte den Raum ab und wog ihre vielen Köpfe. Zerbrochene Eierschalen lagen überall auf dem Boden und knirschten unter den kriechenden Leibern der riesigen Schlangen. Oben leuchtete matt eine mächtige elektrische Kugel, was dem Wintergarten eine seltsam kinematografische Atmosphäre verlieh. Drei dunkle Kisten standen auf dem Boden wie riesige Fotoapparate; zwei davon waren schief und dunkel, in dem dritten brannte ein sattroter Lichtfleck. Reptilien aller Größen krochen die Kabel hoch, schlängelten sich um die Fensterrahmen und kletterten durch die Löcher im Dach heraus. Um die Leuchtkugel wand sich eine mehrere Meter lange tiefschwarze gefleckte Schlange; ihr Kopf schwang wie ein Pendel unter der Kugel hin und her. Durch das Zischen drang gelegentlich ein Rasseln. Ein fauliger, sumpfiger Geruch lag über dem Wintergarten. Verschwommen konnten die Agenten weiße Eierhaufen in den verstaubten Ecken sehen, und einen seltsamen, riesigen langbeinigen Vogel, der reglos neben den Kammern lag, und eine grau gekleidete Leiche an der Tür neben einem Gewehr.

»Zurück!«, rief Schukin und trat weg vom Fenster. Mit der Linken schob er Politis schützend zur Seite, mit der Rechten erhob er den Revolver. Er schaffte es, neun grüne summende elektrische Schüsse abzufeuern; dann steigerte sich das Zischen im Wintergarten auf furchtbare Weise, und alles setzte sich in rasende Bewegung. Aus jedem Loch im Gebäude schnellte ein flacher Kopf heraus. Donnergrollen rollte über den Hof und hallte an den Wänden wider. Ra-ta-ta-ta, feuerte Politis und krebste zurück. Da hörte er hinter sich ein absonderliches vierfüßiges Schlurfen. Im nächsten Augenblick stieß er einen grauenvollen Schrei aus und fiel zu Boden. Ein bräunlich-grünes echsenartiges Wesen auf vier seitlich vom Körper abstehenden Beinen, mit riesiger spitzer Schnauze und gezacktem Schwanz, hatte sich hinter der Scheunenecke hervorgeschoben, sich auf ihn gestürzt und sein Bein entzweigebissen.

»Hilf mir!«, rief Politis, und sogleich geriet seine linke Hand ins Maul und knackte. Mit der Rechten wollte er den Revolver heben, schleifte ihn aber nur über den Boden. Schukin fuhr herum und versuchte fieberhaft, etwas zu tun. Einmal schoss er auf das Echsentier, traf aber daneben, weil er Angst hatte, seinen Genossen zu erwischen. Dann musste er Richtung Wintergarten schießen, weil dort gerade zwischen den kleineren Schlangenschnauzen eine riesige, olivgrüne erschien und auf ihn zusauste. Die gigantische Schlange konnte er mit diesem Schuss erledigen, aber Politis war im Maul des Krokodils inzwischen schon halb tot. Schukin rannte vor ihm hin und her, versuchte, auf das Ungeheuer, aber nicht auf den Agenten zu zielen. Schließlich gelang es. Der Elektrorevolver gab zwei Schüsse ab, die alles grün erleuchteten, das Krokodil wurde hochgerissen, erstarrte in der Luft und ließ Politis los. Blut floss dem Mann aus dem Ärmel, floss ihm aus dem Mund, er stützte sich auf dem rechten Ellenbogen ab und zog das durchgebissene linke Bein nach. Seine Augen erloschen.

»Schukin … Rette dich …«, brachte er schluchzend heraus.

Schukin schoss mehrmals auf den Wintergarten; Glas zerschellte. Doch da schlüpfte eine gigantische, geschmeidige olivgrüne Sprungfeder aus dem Kellerfenster, erstreckte ihren zehn Meter langen Leib über den ganzen Hof, und umwickelte Schukins Beine. Er wurde hinuntergerissen, und sein glänzender Revolver sprang zur Seite. Er brüllte aus Leibeskräften, dann erstickte er, und nur noch sein Kopf ragte aus den Windungen hervor. Ein einziges Mal schob sich ein Ring über den Kopf und riss ihm die Haut ab, und der Schädel platzte. Danach waren keine Schüsse mehr in der Kolchose zu hören. Nichts war zu hören bis auf durchdringendes Zischen. Und als Antwort darauf wehte der Wind weit entferntes Heulen aus Konzowka herbei, nur war es jetzt unmöglich zu sagen, ob da Hunde heulten oder Menschen.

Kapitel 10

Die Katastrophe

In der Nachtredaktion der *Iswestija* brannten alle Lampen; der dicke Redakteur vom Dienst arbeitete gerade am bleiernen Umbruchtisch an der zweiten Seite mit den Telegrammen »Rund um die Unionsrepubliken«. Eine Fahne fiel ihm ins Auge: Er musterte sie durch seinen Zwicker, lachte schallend auf, rief die Korrektoren, die Setzer und den Metteur zusammen und zeigte allen seinen Fund. Auf einem schmalen Streifen feuchten Papiers stand:

Gratschowka, Provinz Smolensk. Pferdegroßes Huhn erschienen, schlägt auch aus wie ein Pferd. Statt Schwanz klassenfeindliche Damenfedern.

Die Setzer kriegten sich nicht ein vor Lachen.

»Zu meiner Zeit«, erzählte der Redakteur mit einem buttrigen Kichern, »bei Wanja Sytin in *Russkoje Slowo*,[17] da wurde schon mal so gesoffen, dass man weiße Mäuse sah. Ja, so war das. Jetzt sieht man also Straußvögel!«

Die Setzer kringelten sich vor Lachen.

»Wird wohl tatsächlich ein Strauß sein«, sagte der Metteur. »Was denn nun, soll das rein?«

»Hast du sie noch alle?«, erwiderte der Redakteur. »Ich

wundere mich, wie der Sekretär das überhaupt durchgelassen hat. Da hat einfach jemand betrunken telegrafiert.«

»Ja, da hat einer richtig gut gefeiert!«, meinten auch die Setzer, und der Metteur nahm die Straußmeldung wieder vom Tisch.

Also enthielt die *Iswestija* am nächsten Tag wie gewohnt jede Menge interessantes Material, aber nicht die geringste Anspielung auf den Straußvogel in Gratschowka. Der Privatdozent Iwanow, der die Zeitung stets von A bis Z las, rollte sie zusammen, gähnte, murmelte »nichts von Interesse« und schlüpfte in seinen weißen Kittel. Eine kurze Zeit später brannten in seinem Labor die Bunsenbrenner, und die Frösche quakten.

Im Labor von Professor Persikow hingegen herrschte Chaos. Der erschrockene Pankrat stand stramm und sagte nur: »Jawohl … Zu Befehl …«

Persikow überreichte ihm ein versiegeltes Paket mit der folgenden Anweisung:

»Du fährst direkt in die Tierzuchtabteilung zum Vorsitzenden Ptacha-Porosjuk und sagst ihm, er sei ein Schwein. Sag ihm, Professor Persikow lässt ausrichten, dass Sie ein Schwein sind. Und gib ihm das Paket.«

»Eine schöne Bescherung«, dachte der bleiche Pankrat, nahm das Paket und verschwand.

Persikow wütete. Er lief im Labor hin und her und rieb gereizt die behandschuhten Hände.

»Zum Teufel noch mal!«, heulte er auf. »Das ist doch unerhört, mich und die Zoologie derart zu malträtieren! Diese verdammten Hühnereier werden massenweise geliefert, ich aber warte schon seit zwei Monaten. Als ob Amerika am anderen Ende der Welt wäre! Dieses ewige Chaos, dieser ewige Unsinn …« Er zählte an den Fingern ab: »Das Fangen … sollte höchstens zehn Tage in Anspruch nehmen, gut, sagen wir, fünfzehn … sagen wir, zwanzig! Dann zwei Tage Flug, ein Tag von London nach Berlin … Von Berlin zu uns sind's sechs Stunden. Es ist doch nicht zu fassen!«

Er stürzte rasend ans Telefon.

Alles in seinem Labor war vorbereitet auf geheimnisvolle und höchst gefährliche Versuche; da lagen Papierstreifen zur Türversiegelung, Taucherhelme mit Schnorcheln und mehrere quecksilbrig glänzende Zylinder, darauf Aufkleber mit der Zeichnung eines Totenkopfes sowie der Aufschrift »Sowchem, nicht anfassen!«

Der Professor brauchte über drei Stunden, um sich so weit zu beruhigen, dass er kleinere Arbeiten erledigen konnte. Schließlich blieb er bis elf Uhr abends im Institut und erfuhr nichts davon, was jenseits den cremeweißen Wänden passierte. Ihn erreichte weder das unsinnige Gerücht über irgendwelche Schlangen, das sich in Moskau breitmachte, noch der seltsame Schrei von einem Telegramm in der Abendzeitung – der Privatdozent Iwanow verbrachte den Abend im Theater bei einer historischen Tragödie, also gab es niemanden, der dem Professor die Neuigkeiten hätte mitteilen können.

Gegen Mitternacht kam Persikow nach Hause und ging ins Bett, wo er sich als Gutenachtlektüre einem Artikel in den *Proceedings of the Zoological Society* aus London widmete. Dann schlief er; die Stadt wuselte zwar bis spät in die Nacht, schlief dann aber schließlich auch. Nur das riesige graue Gebäude in einem Innenhof der Twerskaja blieb schlaflos, erschüttert von den dröhnenden Rotationsdruckmaschinen der *Iswestija*.

Im Büro des Redakteurs war der Teufel los. Rasend und ratlos, mit roten Augen, tigerte er auf und ab und beschimpfte wüst jeden, der ihn ansprach. Der Metteur lief hinter ihm her, verströmte eine Weinfahne und wiederholte:

»Ist doch halb so schlimm, morgen früh bringen wir eben ein Extrablatt. Wir können die fertige Zeitung doch nicht aus der Maschine reißen!«

Die Setzer gingen nicht nach Hause, sondern trieben sich in Schwärmen herum, scharten sich um die Telegramme, die jetzt alle fünfzehn Minuten kamen und immer monströser wurden. Alfred Bronskijs spitzer Hut blitzte immer wieder in dem blendenden rosa Licht der Typographie auf; der mechanische Dicke humpelte scharrend hin und her. Die Eingangstür knallte auf und zu, die ganze Nacht kamen Reporter. Alle zwölf Telefone der Redaktion schellten ununterbrochen, und die schlaflosen Telefonistinnen vor ihren unablässig piepsenden Signalhörnern meldeten den unbekannten Anrufern nahezu mechanisch »besetzt«, »besetzt«, »besetzt«.

Die Setzer klebten an dem mechanischen Kapitän auf hoher See, der da sagte:

»Flugzeuge mit Gas müssen her.«

»Unbedingt«, gaben ihm die Setzer recht, »das ist ja nicht zu fassen.« Dann hallten furchtbare Flüche durch die Luft, und jemand kreischte:

»Dieser Persikow gehört erschossen!«

»Wieso Persikow? Diesen Hundesohn an der Kolchose, den sollte man erschießen.«

»Wachleute! Wachleute hätten sie aufstellen müssen!«

»Vielleicht kommt's ja gar nicht von den Eiern ...«

Die Rotationsmaschine brachte das ganze Gebäude zum Zittern und Summen, und es schien, als würde zwischen den hässlichen grauen Wänden ein elektrischer Feuersturm wüten.

Der junge Tag tat dem Sturm keinen Abbruch, auch wenn der Strom ausgeschaltet wurde. Motorräder und Automobile sausten in den asphaltierten Hof. Ganz Moskau war auf, und weiße Blätter bedeckten die Stadt wie Vögel. Die Blätter fielen, raschelten in den Händen und waren um elf Uhr morgens ausverkauft, obschon die *Iswestija* in diesem Monat eine Auflage von anderthalb Millionen Exemplaren hatte.

Professor Persikow fuhr mit dem Bus zur Arbeit. Dort erwartete ihn eine Überraschung: In der Eingangshalle standen drei Holzkisten, ordentlich mit Metallbändern verschlossen und mit jeder Menge Etiketten in deutscher Sprache versehen, sowie mit einer russischen Aufschrift – »Vorsicht, Eier!«

Der Professor freute sich ungestüm.

»Endlich!«, rief er. »Pankrat, sofort die Kisten öffnen! Aber vorsichtig, mach ja nichts kaputt. Alles in mein Labor.«

Der Befehl wurde erfüllt, und eine Viertelstunde später erhob sich im mit Sägespänen und Papierfetzen übersäten Labor des Professors sein Zornesschrei.

»Machen sie sich über mich lustig oder was?«, brüllte der Professor und schüttelte die Fäuste. »Dieser Ptacha von der Tierzucht ist ein Vieh! Ich lasse mich nicht zum Gespött machen! Was soll das sein, Pankrat?« Und der Professor hielt ihm ein Ei hin.

»Ein Ei«, erwiderte Pankrat traurig.

»Ein Hühnerei! Ein Hühnerei, verdammt noch mal, verstehst du? Was zum Teufel soll ich denn damit! Soll die doch dieser Schurke aus der Kolchose haben!«

Persikow raste zum Telefon, doch bevor er den Hörer abnehmen konnte, hörte er Iwanow schallend nach ihm rufen.

Er ließ vom Telefon ab; Pankrat scheute zur Seite und ließ den Privatdozenten vorbei. Dieser rannte auf den Professor zu – entgegen seiner vornehmen Gepflogenheiten hatte er den grauen Hut dabei nicht abgenommen, der ihm schief auf dem Kopf saß. In der Hand hielt er eine Zeitungsseite.

»Wissen Sie, was passiert ist?«, rief er und hielt das Extrablatt mit dem satten Farbbild in der Mitte vor Persikows Gesicht.

»Hören Sie bloß, was diese Leute angerichtet haben!«, schrie Persikow zurück, ohne zuzuhören. »Die haben mich mit Hühnereiern beglückt! Dieser Ptacha ist ein Idiot nach Strich und Faden, schauen Sie nur!«

Iwanow war bestürzt. Entsetzt starrte er die offenen Kisten an, dann das Zeitungsblatt, dann sprangen ihm die Augen geradezu aus dem Gesicht.

»So ist das also!«, keuchte er. »Jetzt verstehe ich … Schauen Sie nur, Herr Professor!« Er faltete das Blatt auseinander und zeigte mit zittrigem Finger auf das Farbbild. Darauf wand sich vor einem verschmierten grünen Hintergrund wie ein ungeheuerlicher Feuerwehrschlauch eine olivgraue, gelb gepunktete Schlange. Sie wurde von oben fotografiert, von einem leichten Flugzeug aus, das vorsichtig über ihr geglitten war. »Was ist das, was meinen Sie?«

Persikow schob sich die Brille auf die Stirn, dann wieder auf die Nase, musterte das Bild und sagte höchst verwundert:

»Was zum Teufel. Das ist … Das ist doch eine Boaschlange. Eine Anakonda.«

Iwanow nahm den Hut ab, ließ sich auf einen Stuhl fallen und sagte, wobei er nach jedem Wort auf den Tisch schlug.

»Herr Professor. Das ist eine Anakonda in der Provinz Smolensk. Das ist doch ungeheuerlich. Verstehen Sie, dieser Schurke hat Schlangen statt Hühner gezüchtet, und sie vermehren sich genauso rasend wie die Frösche!«

»Wie?«, stammelte Persikow, und sein Gesicht wurde aschfahl. »Sie scherzen doch, oder? Woher …?«

Iwanow blieb einen Augenblick stumm, dann kam die Sprache zu ihm zurück. Er richtete einen Finger auf die offene Kiste, wo weiße Eierspitzen aus den gelben Sägespänen hervorschauten, und sagte:

»Hierher.«

»Waaaas?«, jaulte Persikow. Langsam verstand er.

Iwanow hob beide Fäuste in die Luft und rief, nun vollkommen sicher.

»So ist es! Sie haben die Schlangen- und Straußeneier an die Kolchose geschickt, und Ihnen stattdessen die Hühnereier.«

»Meine Güte … Meine Güte …«, wiederholte Persikow, wurde grün und sank langsam auf den Drehhocker nieder.

Pankrat stand vollkommen perplex vor der Tür, bleich und sprachlos. Iwanow sprang auf, schnappte sich die zerknüllte Seite, unterstrich mit scharfem Nagel eine Zeile und rief dem Professor ins Ohr:

»Na, die werden jetzt aber was erleben! Kann mir gar nicht ausmalen, was noch kommt. Schauen Sie nur!«

Und er las von der erstbesten Stelle an laut vor: »Die

Schlangen schwärmen in Richtung Moschaisk aus … legen Unmengen von Eiern. In diversen Gebieten der Provinz Smolensk wurden Eier gesichtet … Krokodile und Strauße … Bewaffnete Spezialeinheiten der politischen Verwaltung haben der Panik in Wjasma ein Ende gesetzt, indem sie den Wald vor der Stadt niedergebrannt und damit das Vordringen der Reptilien gestoppt haben …«

Mit roten Flecken auf bläulich-weißem Gesicht, mit wahnsinnigem Blick, erhob sich Persikow wieder vom Hocker und schrie atemlos:

»Eine Anakonda … Eine Anakonda … Eine Riesenwasserschlange! Mein Gott!«

Weder Iwanow noch Pankrat hatten ihn jemals in so einem Zustand erlebt.

Mit einem Ruck riss der Professor sich die Krawatte vom Hals und die oberen Knöpfe vom Hemd; ein furchtbares Rot, als würde etwas in seinem Kopf explodieren, stieg ihm ins Gesicht, und mit stumpfen, gläsernen Augen taumelte er davon. Ein Schrei stieg zu dem steinernen Institutsgewölbe auf.

»Anakonda! Anakonda!«, hallte es wider.

»Ihm nach!«, kreischte Iwanow, und Pankrat vollführte vor Schreck auf der Stelle einen zuckenden Tanz. »Bring ihm Wasser! Ein Schlaganfall …«

Kapitel 11

Der Kampf und der Tod

Eine wilde, elektrische Nacht tobte in Moskau. Alle Lichter brannten, in jeder Wohnung schienen grell die Lampen – die Lampenschirme hatten alle abgenommen. In ganz Moskau mit seinen vier Millionen Einwohnern schlief niemand bis auf arglose Säuglinge. In den Wohnungen wurde durcheinander und zu jeder Tageszeit gegessen und getrunken, es wurde geschrien, und verzerrte Gesichter schauten aus den Fenstern aller Stockwerke in den von Scheinwerferstrahlen durchschnittenen schwarzen Himmel. Immer wieder flammten weiße Blitze aus, warfen blasse Lichtkegel auf Moskau und verschwanden wieder. Der Himmel war voller Flugzeuge; er surrte ununterbrochen und tief. Besonders schlimm war es auf der Twerskaja. Alle zehn Minuten kamen auf dem nahegelegenen Bahnhof Züge an, aufs Geratewohl zusammengeschustert aus Personenwagen aller Klassen, Güterwagen und sogar aus Zisternen, voller verstörter Menschen, die sich dann in einem dichten Menschenauflauf in die Twerskaja ergossen, rannten, sich in die Busse quetschten und auf Straßenbahndächer kletterten, einander zerquetschten und unter die Räder gerieten. Immer wieder ratterten Schreckschusswaffen über den Köpfen der Menge an dem Bahnhof – das Militär versuchte, den panischen Massen Einhalt zu gebieten, die entlang der Gleise aus der Provinz Smolensk nach Moskau strömten. Immer wieder platzten klirrend Bahnhofsfenster, und die Lokomotiven heulten. Die Straßen waren mit zertrampelten Plakaten übersät; die gleichen Plakate schauten unter grellen himbeerroten Lichtern von den Wänden. Alle kannten sie, niemand mehr las sie. Sie besagten, dass in Moskau Kriegsrecht herrschte. Panikverbreitung würde geahndet werden, Truppen mit Giftgas bewaffneter Rotarmisten wären bereits auf dem Weg in die Provinz Smolensk. Doch die Plakate konnten die heulende Nacht nicht bändigen. Geschirr und Blumenvasen fielen und zerklirrten, man rannte in den Wohnungen hin und her, stieß sich an allen Ecken, packte fieberhaft ein und aus, hoffte, den Komsomolskaja-Platz zu erreichen, und dann den Nikolajewer oder Jaroslawler Bahnhof. Doch nein, ein dichter Kordon der Infanterie umgab alle Bahnhöfe Richtung Norden und Osten; riesige kettenrasselnde Lastwagen fuhren umher, hoch mit Kisten beladen, auf denen Rotarmisten mit spitzem Helm saßen, deren Bajonette nach allen Richtungen starrten; in den Kisten lag das Gold aus den Tresoren des Volksfinanzkommissariats und Gemälde aus der Tretjakow-Galerie. Durch ganz Moskau rasten und brüllten Automobile.

Sehr fern im Himmel zitterte der Widerschein einer Feuersbrunst. Ununterbrochene Kanonenschüsse brachten die dickflüssige Augustdunkelheit zum Wabern.

Gegen Morgen schlängelte sich, mit den Hufen klappernd, die viele tausend Mann starke Reiterarmee durch das schlaflose, grell beleuchtete Moskau, die Twerskaja hoch, und fegte alles zur Seite, was sie traf. Die Menge floh in Hauseingänge, drückte sich durch zerberstendes Glas in Schaufenster. Rote

Kapuzen wippten über den grauen Rücken, die Spitzen der Lanzen stachen in den Himmel. Alles lebte auf beim Anblick der vorrückenden Kolonnen, die sich den Weg durch das jaulende, brodelnde, besinnungslose Menschengewühl bahnte. Die Menge heulte auf, und diesmal lag Hoffnung in ihrem Heulen.

»Hoch lebe die Reiterarmee!«, riefen rasend die Frauen.

»Hoch lebe …!«, echoten die Männer.

»Wir werden zerquetscht!«, keuchte es irgendwo.

»Hilfe!«, rief es vom Bürgersteig.

Zigarettenschachteln, Uhren, Silbermünzen flogen auf die Kolonnen zu; Frauen sprangen vom Bürgersteig, riskierten ihre Rippen, um mit der Kolonne mitzulaufen, sich an den Steigbügeln festzuhalten, diese Bügel zu küssen. Im Klappern der Hufe waren gelegentlich die Stimmen der Zugführer zu hören:

»Zügel kürzer nehmen!«

Irgendwo wurde fröhlich und verwegen gesungen; Gesichter unter den zurückgeschobenen roten Kapuzen schauten im flirrenden Schein der Lichtreklamen hinunter. Zwischen den Kolonnen waren immer wieder seltsame Gestalten zu sehen – ebenfalls zu Pferde, doch mit einer Art Nikab verschleiert, darunter nach hinten gerichtete Rohre, und auf den Rücken große Behälter. Hinter ihnen fuhren riesige Zisternen mit ellenlangen Rohren und Schläuchen wie bei der Feuerwehr; schwere Raupenpanzer, allseits verschlossen bis auf schmale Schlitze, zerdrückten das Pflaster. Den Reiterkolonnen folgten grau gepanzerte Automobile, aus denen ebenfalls Rohre hervorragten und auf deren Seiten weiße Totenköpfe aufgemalt waren und die Aufschrift »Sowchemgas.«

»Rettet uns, Brüder!«, heulte der Bürgersteig. »Vernichtet die Kriechviecher! Rettet Moskau!«

Die Reiter fluchten fröhlich, bleckten ihre weißen Zähne im elektrischen Licht, Zigarettenschachteln flogen zwischen ihnen in der Nachtluft hin und her. Immer mehr sangen heiser und herzergreifend:

Wacht auf und wehrt euch gegen Schlangen!
Ihr böses Spiel ist nun bald aus.
Die Kriecher schaffen es nicht lange …

»Hurra!«, hallte es auf einmal durch das Gewühl, als man zu munkeln begann, dass ganz vorne, in einer ebensolchen roten Kapuze wie alle anderen, nur älter und grauhaarig, höchstpersönlich der Befehlshaber der Reiterarmee ritt, der vor zehn Jahren zu einer Legende geworden war.[18] Die Menge brüllte, und die Hurra-Rufe, die zum Himmel flogen, brachten den bestürzten Herzen etwas Linderung.

***

Das Institut war spärlich beleuchtet. Die Ereignisse in der Stadt erreichten es nur als einzelne dumpfe, verworrene Echos. Einmal krachte unter der Leuchtuhr an der Ausstellungshalle eine Salve – Marodeure, die eine Wohnung in der Nähe ausrauben wollten, wurden an der Stelle erschossen. Automobile waren nur wenige zu sehen, sie drängten sich zu den Bahnhöfen. Im Labor des Professors warf nur eine einzige schwache Lampe einen Lichtkegel auf den Tisch. Persikow saß da, den Kopf auf die Hände gebettet, und schwieg.

Rauchschwaden waberten um seinen Kopf. Der Strahl in der Kammer war aus. Die schlafenden Frösche schwiegen in ihren Terrarien. Der Professor arbeitete nicht; er las nicht. Unter seinem linken Ellenbogen lag die Abendausgabe der Telegrammnachrichten: Ganz Smolensk stehe in Flammen, die Artillerie beschieße quadratweise den Wald im Moschaisk, wo in jeder feuchten Schlucht Krokodileier lägen. Eine Flugstaffel nahe Wjasma habe sehr erfolgreich das ganze Gebiet mit Gas bearbeitet, nur gebe es unermessliche Menschenopfer, weil die Bevölkerung, anstatt das korrekte Evakuationsprozedere zu befolgen, in blinder Panik ungeordnet grüppchenweise auseinandergestürzt war. Die Kaukasische Sonderkavalleriedivision habe vor Moschaisk glorreich eine Schlacht mit Straußenhorden gewonnen, sie allesamt niedergemetzelt, riesige Eiergelege vernichtet und dabei nur geringe Menschenverluste erlitten. Falls es nicht gelingen sollte, das Getier in 200 Kilometer Entfernung von der Hauptstadt zu stoppen, teilte die Regierung mit, würde die gesamte Bevölkerung ordentlich evakuiert werden. Arbeiter und Angestellte hätten sich vollkommen ruhig zu verhalten. Die Regierung würde rigorose Maßnahmen ergreifen, damit sich die Ereignisse von Smolensk nicht wiederholten, wo der Angriff von mehreren tausend Klapperschlangen und die damit verbundene Panik zu stadtweiten Feuerbränden geführt hatten, als Menschen in ihrem hoffnungslosen Exodus brennende Öfen stehen ließen. Moskau habe genug Proviant für mindestens sechs Monate, und das Oberbefehlskomitee unternehme dringende Maßnahmen zur Panzerung von Wohnungstüren für den Fall, dass die roten Heere, Staffeln und Flugzeuge es nicht schafften, die

Reptilien fernzuhalten und Straßenkämpfe geführt werden müssten.

All das las der Professor nicht, sondern starrte mit gläsernen Augen vor sich hin und rauchte. Außer ihm waren noch zwei Menschen im Institut – Pankrat und die Haushälterin Maria Stepanowna, die schon die dritte Nacht im Labor des Professors wachte, der sich weigerte, die letzte, längst erloschene Kammer zu verlassen. Nun saß Maria Stepanowna auf dem Kunstledersofa in einer dunklen Ecke und betrachtete in gedankenverlorener Trauer den Kessel mit dem Tee für den Professor, der gerade über einem Bunsenbrenner zu köcheln begann. Das Institut war still, und alles passierte unvermittelt.

Vom Bürgersteig schallten auf einmal gellende Hassschreie. Maria Stepanowna sprang auf und kreischte. Taschenlampen blitzten draußen, und Pankrats Stimme war in der Eingangshalle zu hören. Der Professor reagierte kaum auf diesen Lärm. Er hob kurz den Kopf, murmelte »wie die toben … was soll ich denn schon tun …« Dann erstarrte er wieder. Doch seine Starre ließ man ihm nicht lange. Es wurde so furchtbar an die Eisentüren des Instituts gehämmert, dass die Wände zitterten. Dann platzte die Spiegelglaswand im Raum nebenan. Das Fenster im Labor des Professors zerklirrte, ein grauer Pflasterstein sauste durch das Loch und zertrümmerte den Glastisch. Die Frösche in den Terrarien schreckten auf und schrien los. Maria Stepanowna kreischte, stürzte auf den Professor zu, fasste ihn bei den Händen und rief: »Sie müssen weg hier! Schnell weg!« Persikow erhob sich vom Drehhocker, richtete sich auf, krümmte den berühmten Finger, und erwiderte, seine Augen stachelig-scharf wie die des früheren, beflügelten Persikow:

»Ich gehe nirgendwo hin. Das ist doch Unsinn, da rennen sie auf und ab wie die Wilden. Wieso soll ich weg, nur weil ganz Moskau verrückt geworden ist? Jetzt hören Sie bitte auf zu schreien. Was habe ich denn damit zu tun. Pankrat!« Und er drückte einen Knopf.

Wahrscheinlich wollte er, dass Pankrat jeglichem Chaos, das er schon immer verabscheute, ein Ende setzte. Doch Pankrat konnte nichts mehr tun. Das Hämmern hatte die Tür schließlich besiegt; aus der Ferne waren Schüsse wie Knallfrösche zu hören, und dann hallte das ganze Institut mit Gerenne, Schreien, berstendem Glas. Maria Stepanowna schnappte Persikow beim Ärmel, wollte ihn irgendwohin ziehen, doch er schüttelte sie ab, richtete sich zu seiner vollen Größe auf und betrat im weißen Kittel den Gang.

»Was ist?«, fragte er. Eine Tür flog auf, darin erschien ein militärischer Rücken mit roter Tresse und einem Stern auf dem linken Ärmel. Der Rücken trat durch die Tür, zurückgedrängt von der rasenden Menge. Der Mann schoss aus dem Revolver, drehte sich dann um und rief Persikow zu, als er an ihm vorbeirannte:

»Professor, retten Sie sich! Ich kann nichts mehr tun!«

Das Kreischen Maria Stepanownas war die Antwort. Der Mann verschwand in den dunklen, gewundenen Gängen am anderen Ende; Persikow blieb wie ein gipsweißes Denkmal stehen. Die Menschenmasse strömte durch die Tür.

»Los! Auf ihn!«, brüllte die Menge.

»Schurke von Weltrang!«

»Alles deine Arbeit, die Kriechviecher!«

Verzerrte Gesichter und zerrissene Kleidung flirrten auf dem Gang. Ein Schuss fiel. Stöcke wurden geschwungen. Persikow tat einen Schritt zurück, schloss die Tür zum Labor, wo die fassungslose Maria Stepanowna kniete, breitete die Arme gegen den Ansturm aus wie ein Gekreuzigter und rief gereizt:

»Das ist doch der reinste Wahnsinn! Sie benehmen sich wie die Tiere. Was wollen Sie? Raus hier!« Schließlich schrie er seinen wohlbekannten Satz: »Pankrat, raus mit denen!«

Doch Pankrat konnte, wie gesagt, nichts mehr tun. Mit eingeschlagenem Schädel, zertrampelt und zerfleischt, lag er reglos in der Eingangshalle, und immer mehr Menschen rannten an ihm vorbei ins Gebäude, ohne die Schüsse der Polizei draußen zu beachten.

Ein kleiner Mann auf krummen Affenbeinen, mit zerfetzter Jacke und verrutschtem, ebenso zerfetztem Halbhemd, war als Erster bei dem Professor angekommen und spaltete ihm mit einem furchtbaren Stockhieb den Schädel. Persikow taumelte und sackte langsam zur Seite. Seine letzten Worte waren:

»Pankrat … Pankrat …«

Die unschuldige Maria Stepanowna wurde im Labor getötet und in Stücke gerissen. Die Kammer, längst ohne ihren Strahl, wurde zerhackt; zerhackt wurden auch die Terrarien, die Frösche zertrampelt, die Glastische und Reflektoren zersplittert, und eine Stunde später brannte das Institut, umgeben von Leichen, abgesperrt durch eine Kolonne mit elektrischen Revolvern, und Feuerwehrautos saugten Wasser aus Hydranten und pumpten Ströme in alle Fenster, aus denen lange, tosende Flammenzungen sprangen.

Kapitel 12

Frost ex machina

In der Nacht vom 19. auf den 20. August wuchtete sich ein unerhörter Frost auf das Land. Selbst die Ältesten konnten sich nicht an Derartiges erinnern. Der Frost kam und blieb zwei Tage; die Temperatur sank auf minus 18 Grad. Besinnungslos schloss Moskau alle Fenster, alle Türen. Erst am Ende des dritten Tages wurde den Menschen klar, dass der Frost die Hauptstadt und das ganze riesige Land vor dem furchtbaren Unglück des Jahres 1928 gerettet hatte. Die Reiterarmee hatte bei Moschaisk drei Viertel ihres Bestandes verloren und war erschöpft; auch die Gasstaffeln konnten die widerlichen Reptilien nicht aufhalten, die im Halbkreis vom Westen, Südwesten und Süden auf Moskau vorrückten.

Den Frost überlebten sie nicht. 48 Stunden mit minus 18 Grad waren den abscheulichen Scharen zu viel, und im letzten Augustdrittel, als der Frost verschwunden war und nur eine feuchte, klamme Luft und zu früh kahl gewordene Bäume hinterlassen hatte, war der Krieg gewonnen. Die Katastrophe war vorüber. Die Wälder, die Felder, die riesigen Sümpfe steckten zwar immer noch voller farbiger Eier, manche mit seltsamen Mustern, die der inzwischen verschollene Fatum für Dreck gehalten hatte, doch diese Eier waren nun völlig harmlos. Sie waren tot, die Embryos darin erfroren.

So weit das Auge reichte, lagen verwesende Leichen von Schlangen und Krokodilen, zum Leben erweckt durch den geheimnisvollen Strahl, den geniale Augen entdeckt hatten. Nach den zwei Frosttagen waren die prekären Kreaturen der fauligen, heißen Tropensümpfe allesamt tot; die einzige Gefahr, die von ihnen noch ausging, war die Gefahr ihrer eitrig stinkenden Zersetzung.

Die Tier- und Menschenleichen verbreiteten Krankheiten, lange noch hielten Epidemien an, und lange noch hatte die Armee zu tun, diesmal nicht mit Gasbehältern, sondern mit Feldspaten, Kerosinzisternen und Schläuchen. Bis zum Frühling 1929 war alles vorbei.

Im Frühling 1929 dann wurde in Moskau wieder getanzt und gefeiert, die Lichter brannten, die mechanischen Kutschen schlurften durch die Straßen, über der Kuppel der Erlöserkathedrale hing die dünne Mondsichel wie an einer Schnur, und an der Stelle des im August 1928 abgebrannten zweistöckigen Instituts stand ein neuer Zoologiepalast, geleitet vom ehemaligen Privatdozenten Iwanow. Persikow aber gab es nicht mehr. Der gekrümmte Finger leistete keine Überzeugungsarbeit mehr; nie wieder dozierte die knarrende, quakende Stimme. Die ganze Welt schrieb und redete noch lange über die Katastrophe von 1928, doch dann vernebelte sich der Name des Professors Wladimir Persikow und erlosch, wie der von ihm eines Aprilabends entdeckte rote Strahl erloschen war. Der Strahl wurde übrigens nie wieder eingefangen, obschon der elegante Iwanow, inzwischen ein ordentlicher Professor, es gelegentlich versuchte. Die erste Kammer wurde von der rasenden Menge zertrümmert, die Persikow ermordet hatte. Die restlichen drei waren in der

Kolchose in Nikolskij verbrannt, als dort eine Fliegerstaffel mit den Kriechtieren kämpfte, und konnten nicht rekonstruiert werden. So einfach die Kombination aus Linsen, Spiegeln und Lichtbündeln auch schien, konnte Iwanow sie nie nachbilden, so sehr er sich auch bemühte. Offenbar war dafür noch etwas anderes nötig als Wissen, und dieses andere hatte weltweit nur ein Mensch besessen – der verstorbene Professor Wladimir Persikow.

Moskau, Oktober 1924

Notizen auf Manschetten

Autobiografisches aus den Jahren 1922–1923

Teil 1

Wladikawkas

Für zu Wasser und zu Land reisende und leidende russische Schriftsteller

I

Ein Mitarbeiter der inzwischen eingegangenen Zeitung *Russkoje Slowo*, in Gamaschen und mit Zigarre in der Hand, schnappte das Telegramm vom Tisch und las es mit seinem geübten, professionellen Blick in einer Sekunde von der ersten bis zur letzten Zeile.

Mechanisch schrieb seine Hand »zweispaltig abdrucken« daneben, seine Lippen aber spitzten sich zu einem Pfiff.

Eine Weile blieb er still. Dann riss er stürmisch ein Blatt aus einem Heft und schrieb darauf:

Bis Tiflis sind's vierzig Meilen.
Einen Wagen! Ich muss eilen!

Darüber: »kleiner Feuilleton«, seitlich davon »Haupttext«, dann »Gedichte (Gratsch)«.

Dann auf einmal, staccato, wie Dickens' Jingle:[19]

»Ja nun. Ja nun! Wusste ich doch! Dann heißt es wohl weg hier. Was soll's! Sechstausend Lira in Rom, Credito Italiano. Oder? Ja, sechs … Und überhaupt. Im Grunde bin ich ein italienischer Offizier! Jawohl! Finita la comedia!«

Er gab noch einen Pfiff von sich, schob seine Kappe zurück und rannte zur Tür hinaus – mit dem Telegramm und dem Feuilleton.

»Stopp!«, rief ich erst jetzt. »Bleiben Sie doch stehen! Wieso Credito? Warum Finita?! Sie meinen – die Katastrophe?!«[20]

Doch er war schon weg.

Ich wollte ihm hinterherlaufen … Doch dann winkte ich ab, kräuselte träge die Stirn und sank auf das Sofa. Was quält mich denn so? Dieses konfuse Credito? Die Hektik? Nein, nein, etwas anderes … Ach ja! Die Kopfschmerzen! Seit zwei Tagen schon. Das stört. Der Kopf tut mir weh! Da lief mir eine seltsame Kälte den Rücken hinunter. Und eine Minute später war es schon umgekehrt: Der Leib füllte sich mit trockener Wärme, die Stirn wurde klebrig-feucht. Es pochte in den Schläfen. Erkältung. Verdammter Februarnebel! Jetzt bloß nicht krank werden! Bloß nicht krank werden!

Hier ist zwar alles fremd, aber offenbar habe ich mich in diesen anderthalb Monaten eingelebt. So schön nach dem Nebel! Zu Hause. Der Fels und das Meer im goldenen Rahmen. Die Bücher im Schrank. Nur ist der Sofabezug so kratzig, wie man sich auch hinlegt, das Kissen hart, so hart … Aufstehen geht aber auch nicht. Diese Trägheit! Die Hand heben ist schon zu viel. Seit einer halben Stunde sage ich mir, ich sollte den Arm ausstrecken, das Aspirinpulver vom Stuhl nehmen, strecke ihn aber nicht aus …

»Mischa, Lieber, Sie müssen mal Fieber messen!«[21]

»Gar nichts muss ich! Ich habe kein Fieber …«

Meine Güte, meine Güte, meeeine Güte! 38,9 … Es ist doch nicht Typhus, oder? Nein. Kann nicht sein! Woher sollte ich … Und wenn doch? Was auch immer, aber bloß nicht jetzt! Das wäre furchtbar …[22] Unsinn. Hypochondrie. Eine Erkältung, sonst gar nichts. Influenza, höchstens. Ein Aspirin vor dem Schlafengehen, und morgen früh bin ich gesund und munter!

39,5!

»Herr Doktor, es ist aber nicht Typhus? Es ist nicht Typhus, oder? Wird wohl Influenza sein, nicht wahr? Dieser Nebel ...«

»Jaja ... Der Nebel ... Jetzt bitte einatmen ... Tiefer ... So ...«

»Herr Doktor, ich muss etwas erledigen, es ist wichtig ... Nur kurz. Darf ich?«

»Wo denken Sie hin!«

Alles atmet Hitze – der Fels, das Meer, das Sofa ... Drehst das Kissen um, bettest gerade erst den Kopf darauf, schon ist es wieder heiß. Macht nichts. Diese Nacht bleibe ich noch liegen, morgen fahre ich aber los! Ich fahre! Man darf sich nicht gehen lassen. So eine Influenza ist gar nichts ... Es ist schön, krank zu sein. Fieber zu haben. Alles zu vergessen. Da zu liegen, sich auszuruhen, nur jetzt nicht, Gott bewahre! In dieser verdammten Hektik kommt man gar nicht zum Lesen ... Jetzt hätte ich wirklich Lust ... Aber was? Ach ja. Wälder und Berge. Nicht diese verdammten Kaukasusberge. Unsere Berge in der Ferne ... Melnikow-Petscherski.[23] Schneebedeckte Einsiedelei. Das Feuer flirrt, die Banja wird geheizt ... Genau, Wälder und Berge. Halbes Königreich für eine Banja, eine heiße Holzliege. Sofort würde es mir besser gehen. Und dann nackt in den Schnee ... Wälder! In tiefstem Kiefernwald ... Bäume so hoch wie Masten. Peter in seinem grünen Kaftan fällt eine Kiefer für sein Schiff[24] ... Kaftan ... Ein schönes Wort, solide, hat Substanz. Kaf-tan ... Wälder, Schluchten, ein Teppich von Kiefernnadeln, die weiße Einsiedelei ... Ein Nonnenchor singt sanft, harmonisch:

»Sei gegrüßt, o Königin, Mutter der Barmherzigkeit ...«

Ach nein! Was für Nonnen denn? Davon steht doch gar

nichts drin! Wo gab es die denn noch mal? Schwarz und weiß und dünn, von Wasnezow gemalt?[25]

»Larissa Leontjewna, wo sind die Nonnen?!«

»Fieberwahn ... Delirium ... Der Arme!«

»Nein, nichts mit D-deli–[26] ... Nichts mit Fieberwahn. Nonnen! Wissen Sie denn nicht mehr? Geben Sie mir doch das Buch! Da, drittes Regal. Melnikow-Petscherski.«

»Mischa, Lieber, Sie dürfen doch nicht lesen!«

»Wie bitte? Wieso das denn? Morgen bin ich wieder auf den Beinen! Und dann gehe ich zu Petrow. Verstehen Sie denn nicht? Ich bleibe sonst zurück! Ich bleibe zurück!«[27]

»Sicher, sicher, morgen sind Sie auf den Beinen! Hier ist das Buch.«

Das liebe Buch. Der alte, bekannte Geruch. Doch die Zeilen springen, hüpfen, verkrümmen sich. Dann weiß ich es wieder. In der Einsiedelei fiel der Regen in die Tonnen. Das Gedächtnis spielt verrückt. Tonnen, nicht Nonnen!

Die Wonnen unter diesen Sonnen ...

»Larisa Leontjewna ... Larotschka! Mögen Sie Wälder und Berge? Ich gehe ins Kloster. Ja, unbedingt! In eine Einsiedelei. Tiefster Wald, Vogelgezwitscher, Menschenleere ... Ich habe genug von diesem idiotischen Krieg! Erst mal nach Paris, dort schreibe ich meinen Roman, und dann in die Einsiedelei. Nur muss mich Anna morgen um acht wecken. Ich hätte doch gestern schon bei ihm sein sollen, verstehen Sie? Verstehen Sie das?«

»Ich verstehe, ich verstehe, schonen Sie sich!«

Nebel. Rötlicher heißer Nebel. Wälder, Wälder ... und aus einem Spalt im grünen Gestein fließt es leise wie Tränen. Dieser kristallklare, gedrehte Wasserstrahl. Nur bis zu diesem Strahl kriechen. Davon trinken, und die Krankheit ist wie weggeblasen! Aber über die Kiefernnadeln zu kriechen ist eine Qual, klebrig sind sie, stachelig. Die Augen auf – keine Nadeln. Ein Laken.

»Mei-ne Gü-te! Dieses Laken ... Haben Sie etwa Sand darauf gestreut? Durst ...«

»Sofort, sofort!«

»Warmes, widerliches Wasser ...«

»...furchtbar. Wieder 40,5!«

»...eine Kälteflasche ...«

»Doktor! Sie müssen ... mich sofort nach Paris schicken! Ich weigere mich, in Russland zu bleiben! Wenn nicht, verlange ich sofort meinen Br-Browning! Larotschka, bitte!«

»Schon gut, schon gut. Wir machen ja schon. Regen Sie sich nicht auf!«

Finsternis. Lichtblick. Finsternis. Lichtblick ... Kann mich ums Verrecken nicht erinnern ...

Mein Kopf! Mein Kopf! Keine Nonnen, keine Mutter der Barmherzigkeit, es sind Dämonen mit Trompeten und glühenden Haken, sie schlagen mir den Schädel in Stücke ... Wie der Kopf schmerzt!

Lichtblick. Finsternis. Li ... nein, nichts mehr! Nichts ist schlimm, alles ist egal. Keine Kopfschmerzen. Finsternis und 41,1.

II Was sollen wir bloß tun?

Der Belletrist Juri Sljoskin saß in einem prächtigen Sessel.[28] Überhaupt war alles im Zimmer prächtig, nur Juri selbst war eine unsinnige Dissonanz inmitten dieser Pracht. Der Typhus hatte ihn der Haare beraubt, und sein Kopf sah genauso aus, wie Mark Twain den Kopf eines Jungen beschreibt – wie ein gepfeffertes Ei. Mottenzerfressene Militärjacke mit einem Loch unter dem Arm. Graue Wickelgamaschen, die eine kurz, die andere lang. Eine billige Pfeife im Mund. In den Augen spielen Angst und Sehnsucht Bockspringen.

»W-was wird jetzt aus uns?«, fragte ich und erkannte meine Stimme nicht wieder. Nach meinem zweiten Anfall war sie schwach, dünn und brüchig.

»Was denn? Was?«

Ich drehte mich im Bett um und warf einen betrübten Blick aus dem Fenster, wo sich die noch nackten Äste leise regten. Der wunderbare Himmel mit dem leisesten feuerroten Nachhall von Abenddämmerung gab mir keine Antwort. Auch Sljoskin sagte nichts, sondern schüttelte nur seinen entstellten Kopf. Ein Kleid raschelte im Zimmer nebenan. Eine Frauenstimme flüsterte:

»Heute Nacht wollen die Inguschen die Stadt plündern …«

Sljoskin zuckte im Sessel zusammen und korrigierte:

»Nicht die Inguschen, sondern die Osseten. Und nicht heute Nacht, sondern morgen früh.«

Glasflaschen klirrten nervös hinter der Wand.

»Mein Gott! Die Osseten? Aber das ist doch furchtbar!«

»Welchen Unterschied macht das schon?«

»Wie – welchen …? Aber Sie kennen sich hier ja nicht aus. Wenn Inguschen plündern, dann plündern sie eben. Die Osseten plündern und morden.«

»Morden sie denn alle?«, fragte Sljoskin sachlich und zog an seiner stinkenden Pfeife.

»Ach meine Güte, was sind Sie seltsam! Nicht alle … nur wen sie … Aber was rede ich denn da! Wir regen den Kranken doch auf.«

Das Kleid raschelte. Die Hausherrin beugte sich zu mir.

»Ich bin n-nicht aufgeregt …«

»Unsinn«, meinte Sljoskin schroff, »alles Unsinn!«

»Was ist Unsinn?«

»Alles. Die Osseten und der Rest. Unsinn.« Er stieß eine Rauchwolke aus.

In meinem erschöpften Gehirn sang es auf einmal:

Mama! Mama! Was sollen wir bloß machen?
Mama! Mama! Was sollen wir bloß tun?

»Aber im Ernst. W-was sollen wir bloß tun?«

Sljoskins rechte Wange zuckte in einem halben Lächeln. Er dachte nach. Dann, inspiriert:

»Ein Kunstrat!«[29]

»Ein Kunstrad?«

»Ein Kunst*rat*! Eine Unterabteilung.«

»Unter was?«

»Wie?«

»Unterabteilung von?«

»Ach so. Also es gibt den Kultproletrat, und der hat eine Unterabteilung für Kunst. Verstehst du?«

»Klar. Kultprolet. Kabriolett. Kunstrat. Unrat ...«

Die Hausherrin raschelte hoch.

»Reden Sie doch um Gottes willen nicht mit ihm! Sonst kommt noch der Fieberwahn wieder ...«

»Unsinn!«, sagte Juri streng. »Alles Unsinn! All diese Mingrelier, Imeretier, wie heißen die alle noch mal. Tscherkessen. Alles Knallköpfe!«[30]

»Wie bitte?«

»Die rennen nur herum und schießen. In die Luft. Auf den Mond. Die plündern nicht.«

»Aber w-was wird denn aus uns?«

»Wird schon! Eine Unterabteilung –«

»Des Kunstrats?«

»Genau! Mit allem drin. Litrat. Fotorat. Thearat. Bikurat.«[31]

»Ich *verstehe* nicht.«

»Mischa, jetzt bleiben Sie doch still! Der Doktor –«

»Erkläre ich alles später! Wird schon! Ich war schon mal Vorsitzender. Geht. Wir sind ja apolitisch. Wir sind die Kunst!«

»Ja, aber wovon sollen wir leben?«

»Geld hinter den Teppich!«

»Was für einen Teppich?«

»In dem einen Städtchen, wo ich Vorsitzender war, da hatten wir einen Teppich an der Wand. Meine Frau und ich steckten das Geld immer dahinter, wenn wir unseren Lohn bekommen haben. Stürmische Zeiten. Aber gut gegessen haben wir! Sonderrationen.«

»Und ich?«

»Du wirst Litratleiter.«

»Was für eine Leiter?«

»Mischa, Lieber! Ich bitte Sie!«

III Das Ikonenlämpchen

Die Nacht schwimmt dahin. Schwarz, Rußschwarz. Schlaf kommt nicht. Die Öllampe vor der Ikone flackert. Irgendwo in der Ferne wird geschossen. Das Gehirn steht in Flammen. Vernebelt sich.

Mama! Mama! Was sollen wir bloß machen?

Ich sehe Sljoskin vor mir. Da macht er rum. Litrat. Bikurat. Bakkarat. Fotorat. Bitorat. Libikufoapparat. Stapelt Fotoapparate aufeinander. Wozu? Litrat. Literaten. Wir armen! Bikurat. Bilder ... Die Inguschen funkeln mit den Augen, reiten auf ihren Pferden. Nehmen die Fotoapparate weg. Lärm. Schießen auf den Mond. Die Krankenschwester spritzt mir Kampfer in die Beine: dritter Anfall!

»Was wird denn aus uns?! Lassen Sie mich! Ich muss da hin, muss hin, muss hin ...«

»Mischa, Lieber, seien Sie still!«

Nach dem Morphium verschwinden die Inguschen. Samten wiegt sich die Nacht. Das Ikonenlämpchen leuchtet mit seinem göttlichen Auge und singt mit seiner Kristallstimme:

Mama. Ma-a-ma-a!

IV Der Kunstrat

Sonne. Staubwolken unter den Droschkenrädern. Im Gebäude hallt es, man geht herein, heraus ... Ein Zimmer im dritten Stock, zwei Schränke mit abgerissenen Türen, wackelige Tische. Drei Fräuleins mit lila Lippen rattern an ihren Maschinen, rauchen, tippen weiter.

Vom Kreuz lebendig abgenommen, sitzt in der Mitte ein Schriftsteller und formt aus dem Chaos eine Unterabteilung für Kunst: Bikurat. Fotorat. Litrat. Thearat. Bläuliche Schauspielergesichter rücken heran. Verlangen Geld.

Starke Dünung nach dem Rückfallfieber.[32] Schwindelig ist mir, übel. Aber ich leite. Bin Litratleiter. Finde mich nach und nach zurecht.

Litunterableiter.[33] Proletkult. Litkollegium.

Da geht einer zwischen den Tischen hin und her. Graue Militärjacke, ungeheuerliche Militärhose – oben weit, unten eng. Schraubt sich in Menschengrüppchen hinein, und sie fallen auseinander. Wie ein Torpedoboot. Wen auch immer er ansieht, wird bleich. Die Blicke kriechen unter die Tische. Nur den Fräuleins macht es nichts aus! Die Fräuleins haben's nicht so mit der Angst.

Kommt auf mich zu. Bohrt seine Augen in mich hinein, holt meine Seele heraus, hält sie in der Hand, betrachtet sie genau. Aber meine Seele ist kristallklar!

Also setzt er sie wieder in meine Brust. Lächelt gütig.

»Litratleiter?«

»Lit. Reiter. Leiter. Genau.«

Geht weiter. Scheint eigentlich in Ordnung. Aber was

macht er bei uns? Sieht nicht nach Thea aus. Nach Lit noch weniger.

Eine Dichterin. Schwarze Baskenmütze. Verrutschter Rock, hängende Strümpfe. Hat Verse mitgebracht.

Ra-ta-ta-ta-tat.
Rückstoßfrei schlägt mein Herz.
Rat-ta-ta, Rat …

Gar nicht so schlecht. Die lassen wir vortragen … genau … bei einem Konzert.

Ihre Augen leuchten. Nicht übel, die Dichterin. Aber kann sie ihre Strümpfe denn nicht ordentlich tragen?

V Kammerjunker Puschkin

Alles war gut. Alles war großartig.

Jetzt bin ich verloren – wegen Alexander Puschkin, möge er in Frieden ruhen!

Und zwar geschah es so:

Im Redaktionsraum unter der Wendeltreppe hat sich die lokale Lyrikabteilung ein Nest gebaut, darunter ein Jüngling in blauer Studentenhose, die junge Frau mit dem rückstoßfreien Herzen, ein unergründlicher Sechzigjähriger, der erst jetzt mit dem Dichten angefangen hat, und noch ein paar.

Nicht direkt Mitglied, aber irgendwie dabei war ein Wagehals mit Adlerprofil und riesigem Revolver im Gürtel. Er war der Erste, der seine tintentropfende Feder schwungvoll ins

Herz der Konterrevoluzzer stach, die noch romantischen alten Sitten wie Parkspaziergängen nachhingen. Unter dem unaufhörlichen Getöse des trüben Terek-Flusses verdammte er den Flieder und schmetterte:

»Ich singe nicht vom Mond und Nachtigallgeschrei!
Oh nein, mein Lied gilt der Partei!«

Das saß.

Dann war ein anderer dran mit einem Vortrag zu Gogol und Dostojewski. Hat beide in Grund und Boden zerstört. Puschkin erwähnte er zwar ebenfalls abfällig, aber nur am Rande. Zu ihm würde es noch einen separaten Vortrag geben.[34] Und tatsächlich, an einem Juniabend hat auch Puschkin seine Tracht Prügel abbekommen. Für seine weißen Hosen, für sein Lobgedicht an Peter den Großen, dafür, dass er ein Kammerjunker war und überhaupt »ein Sklave und pseudorevolutionärer Scheinheiliger«, für seine unanständige Lyrik und seine Frauengeschichten …

Schweißgebadet saß ich in der ersten Reihe im schwülen Zuschauerraum und hörte zu, wie der Redner Puschkins weiße Hose in Fetzen riss. Dann erfrischte er seine erschöpfte Kehle mit einem Glas Wasser und beendete die Rede mit dem Vorschlag, Puschkin in den Ofen zu werfen. Und da lächelte ich. Ja, das lässt sich nicht leugnen. Womöglich lächelte ich sogar geheimnisvoll! Gelächelt ist gelächelt.

»Dann opponieren Sie doch!«

»Ich mag nicht.«

»Sie haben keine Zivilcourage!«

»Ach wirklich? Nun gut, ich mache das.«

Und ich machte das, verdammt noch mal! Drei Tage und drei Nächte lang bereitete ich mich vor. Saß am offenen Fenster, an der Lampe mit dem roten Schirm. Auf meinem Schoss lag ein Buch, verfasst von einem Menschen mit feurigen Augen:

»Wird Weisheit gefälscht, so flackert sie flau,
doch hell scheint die Sonne des Geistes …«

Das hat Puschkin geschrieben. Und auch:

»In Gleichmut nimm Verleumdung hin …«

Nein, nicht in Gleichmut! Nein. Ich zeige es! Ich zeig es ihnen! Ich drohte der schwarzen Nacht mit der Faust.

Und ich habe es gezeigt! Die Abteilung war überwältigt. Mein Gegenredner war niedergerungen. In den Augen des Publikums las ich ein fröhliches: »Los! Mach ihn fertig!«

Doch dann! Doch dann …

Ich sei ein »Wolf im Schafspelz«. Ein »Herr«. Ein »Mitkläffer der Bourgeoisie« …

Im Sommer des Jahres 1920 erschien dem Volke ein Mann aus Tiflis. Ein junger Mann, irgendwie gezackt und krumm, mit einem faltigen Gesicht wie bei einer alten Frau, nennt sich »poetischer Unruhestifter«. Brachte ein Büchlein mit, im Weinkarten-Format. Darin natürlich seine Gedichte.

»Maienlied« reimt er auf »Parasit«.

Ich werde wahnsinnig!

Der junge Mann sah mich und entbrannte in Hass vom ersten Blick. Seine Unruhe stiftet er in der Zeitung (Seite 4, Spalte 4). Schreibt über mich. Und über Puschkin. Nur diese zwei Themen. Puschkin hasst er noch mehr als mich! Ihm darf es ja egal sein, am Ort der ewigen Seligkeit …

Ich aber werde untergehen wie ein Wurm.

Ich bin kein Litratleiter mehr. Auch kein Thealeiter. Ich bin ein Streuner auf dem Dachboden. Zusammengekrümmt sitze ich da. Zucke zusammen, wenn es spät abends an der Tür klingelt.[35]

Diese staubigen Tage! Diese stickigen Nächte!

VI Der bronzene Kragen

Tiflis, diese gottverdammt Stadt!

Noch einer ist gekommen! Trägt einen bronzenen Kragen. Wirklich, einen Kragen aus *Bronze*. Trat so mit seinen Schöpfungen auf. Wirklich!

Aus Bronze …!

Der Belletrist Sljoskin wurde gefeuert. Trotz seiner landesweiten Bekanntheit, trotz seiner schwangeren Frau. Der mit dem Kragen sitzt jetzt an seinem Platz. Nichts mit Lit, nichts mit Rat. Nichts mit Geld hinter dem Teppich.

VII Der Junge in der Kiste

Eine Korona um den Mond. Juri und ich sitzen auf dem Balkon und starren zu den Sternen. Nichts bringt Erleichterung. In wenigen Stunden werden die Sterne verlöschen, und die feurige Kugel entflammt wieder über uns. Wieder werden wir in der Hitze verrecken wie Käfer auf Nadeln …

Durch die Balkontür kommt unaufhörliches dünnes Piepsen. Hier, am Ende der Welt, vor diesen Bergen, in diesem winzigen Zimmer – winzig wie ein Spielzeug, wie ein Käfig – hat der hungernde Sljoskin einen Sohn bekommen. Er liegt jetzt auf der Fensterbank in einer Kiste mit der Aufschrift »Mme Marie. Modes et robes«.

Er winselt in dieser Kiste.

Das arme Kind!

Nein, die armen wir!

Wir sind von Bergen umzingelt. Der Stolowaja-Berg schläft unter dem Mond … Irgendwo weit, weit weg im Norden, endlose Ebenen … Im Süden: Schluchten, Klammen, reißende Flüsse. Irgendwo im Westen – das Meer. Über ihm leuchtet das Goldene Horn …

Haben Sie mal eine Fliege auf einem Klebestreifen gesehen?

Wenn das Piepsen abgeklungen ist, gehen wir in den Käfig hinein.

Tomaten. Etwas Schwarzbrot, nicht viel. Und Selbstgebrannter – Araki. Widerliches Gesöff! Ekelhaft! Aber es macht das Leben etwas leichter …

Als alles schläft, liest mir der Schriftsteller seine neue Erzählung vor. Sonst hat er niemanden. Die Nacht schwimmt dahin. Als er fertig ist, rollt er das Manuskript behutsam zusammen und steckt es unters Kissen. Er hat keinen Schreibtisch.

Wir flüstern bis ins fahle Morgengrauen …

Die Namen auf unseren trockenen, rissigen Lippen! Diese Namen! Puschkins Gedichte haben die wundersame Fähigkeit, grimmige Seelen zu erweichen. Seid doch nicht so grimmig, russische Schriftsteller!

Die Wahrheit kommt nur durch das Leiden …[36] Das stimmt schon, da können Sie ganz beruhigt sein. Aber die Wahrheit bringt weder Geld noch Essensrationen. Traurig, aber wahr.

VIII Zugwind

Evreinov[37] ist angekommen. In einem ganz normalen weißen Kragen. Auf dem Weg vom Schwarzen Meer nach St. Petersburg.

Es gab ja einmal diese Stadt im Norden.

Gibt es sie noch? Evreinov lacht, versichert mir, es gäbe sie noch. Aber der Weg sei weit – drei Jahre in einem Güterwagen.[38] Den ganzen Abend lang konnten sich meine Augen nicht an seinem weißen Kragen sattsehen. Den ganzen Abend lang lauschte ich den Erzählungen über seine Abenteuer.

Schriftsteller, Brüder – das Schicksal, das ihr …[39]

Er hatte kein Geld. Seine Sachen wurden ihm gestohlen.

Am nächsten Abend, seinem letzten Abend bei uns, waren

wir bei Sljoskin. Seine Vermieterin überließ uns ihr verrauchtes Wohnzimmer, und dort setzte sich Evreinov ans Klavier. Ließ mit eisernem Willen die Folter der Begutachtung durch die versammelte Gesellschaft über sich ergehen: Vier Dichter und eine Dichterin (fast unsere ganze Lyrikabteilung), dazu ein Maler, saßen in Reih und Glied da und fraßen ihn mit den Augen.

Evreinov hatte einen Einfall:

»Ich spiele euch mal die Musikgrimassen« …

Drehte sich sogleich zu den Tasten um und begann. Erst … ach ja, erst ein klavierspielender Elefant, dann ein verliebter Klavierstimmer, dann eine Vertonung von Puschkins »Gold und Waffenstahl«, dann eine Polka.

Zehn Minuten später war die ganze Lyrikabteilung außer Betrieb. Niemand konnte mehr sitzen, alle kringelten sich im Liegen, wedelten hilflos mit den Armen und stöhnten vor Lachen.

Weg ist er jetzt, der Mensch mit den lebendigen Augen. Aus und vorbei mit den Grimassen!

Der Zugwind hat ihn mitgenommen. Alle fliegen wie die Blätter. Der eine aus Kertsch nach Wologda, der andere aus Wologda nach Kertsch. Osip klettert zerzaust in den Zug mit seinem Koffer, ärgert sich:

»Nein, wir kommen nimmer an! Wie können wir denn ankommen, wenn wir keine Ahnung haben, wo wir hinfahren!?«[40]

Gestern war Rjurik Iwnew[41] hier auf Durchfahrt. Unterwegs aus Tiflis nach Moskau.

»In Moskau ist es besser.«

Das Hin- und Herfahren hat ihn so weit getrieben, dass er sich eines Tages einfach neben einen Graben hinlegte.

»Ich stehe nicht auf! Irgendwas muss doch passieren!«

Das tat es auch: Zufällig ging ein Bekannter vorbei, nahm ihn mit und lud ihn ein zum Mittagessen.

Ein anderer Dichter. Aus Moskau nach Tiflis.

»In Tiflis ist es besser.«

Ein dritter – Osip Mandelstam.

Kam herein an einem trüben Tag, hielt den Kopf hoch wie ein Prinz. Tödlich lakonisch:

»Von der Krim. Schlimm. Kauft man hier Manuskripte?«

»Ja, aber das Geld wird nicht aus–«, aber ich kam nicht weiter, schon war er abgereist, in unbekannte Richtung.

Der Belletrist Pilnjak. Nach Rostow, in einem Mehlwagen, trägt einen Frauencardigan.

»Ist es in Rostow besser?«

»Nein. Ich fahre zur Erholung hin!«

Originellerweise Brille mit Goldfassung.

Serafimowitsch aus dem Norden.

Müde Augen. Dumpfe Stimme. Hält einen Vortrag bei der Abteilung.

»Wissen Sie noch, bei Tolstoi, ein Tuch, an einen Stock gebunden? Mal klebt es daran, mal flattert es wieder. Dieses Tuch ist echt, fast lebendig … Selbst Kleinigkeiten: Ich musste mal einen Spruch gegen Alkoholismus für ein Wodka-Etikett verfassen. Ich schrieb einen Satz. Strich ein Wort durch, schrieb ein anderes drüber. Dachte ein wenig nach, strich wieder durch. Und wieder, und wieder. Am Ende war der Satz geschmiedet. Jetzt schreibt man – es nimmt mich wunder, wie man jetzt schreibt! Da liest du den Text einmal. Kannst nichts verstehen. Liest ihn noch mal. Wieder nein! Und dann legst du ihn einfach beiseite …«

Die gesamte Lokalabteilung sitzt in corpore da und hört zu. Schaut ihn an, als würden sie es nicht verstehen. Tja, das ist ihre Sache!

Serafimowitsch ist abgereist. Eine Pause in unserem Theater.

Das Fass läuft über. Um zwölf ist der »neue Oberleitende« erschienen.

Er betrat den Raum und sagte mit seinem kaukasischen Akzent:

»Wyr machen das anders! Wyr brauchen nycht diese Pornografie: »Wehe dem Verstand«, »Der Revisor«, Gogol-Schmogol … Wyr schreiben bessere Stücke!«

Dann setzte er sich ins Auto und entschwand.

Sein Gesicht bleibt ein ewiger Abdruck in meinem Gehirn.

IX Die Geschichte mit den großen Schriftstellern

Der Abteilungsdekorateur hatte ein Porträt von Anton Tschechow gemalt, mit schiefer Nase und einem derart ungeheuerlichen Zwicker, dass es aus der Ferne schien, als trüge Tschechow eine Rennfahrerbrille.

Wir stellten es auf eine große Staffelei. Ein rötlicher Theaterpavillon, kleiner Tisch mit Wasserkaraffe und Lampe …

Ich hielt den Einführungsvortrag, »Über Tschechows Humor«. Ob nun weil ich seit drei Tagen nicht richtig gegessen hatte oder aus irgendeinem anderen Grund, jedenfalls war es in meinem Kopf recht düster. Das Theater war zum Bersten voll. Ein paar Mal kam ich durcheinander. Ich sah Hunderte verschwommene Gesichter, die sich in die Höhe türmten. Und nicht ein einziges lächelte. Geklatscht haben sie am Ende aber wohl. Konfus verstand ich: Da freuten sie sich, dass es vorbei war.

Erleichtert verschwand ich hinter die Kulissen. Meine zweitausend hatte ich verdient, jetzt würden die anderen diese Suppe auslöffeln. Auf dem Weg in den Pausenraum hörte ich einen Rotarmisten klagen:

»Die und ihr verdammter Humor! Selbst hier im Kaukasus müssen die uns noch die Ohren vollquatschen!«

Er hatte vollkommen recht, dieser Provinzkrieger. Ich verkroch mich in meine Lieblingsecke, eine dunkle Ecke hinter dem Requisitenkabuff. Da hörte ich ein Dröhnen aus dem Zuschauerraum. Hurra, sie lachten! Gut gemacht, die Schauspieler. »Die Chirurgie« hat uns gerettet und die Geschichte über den niesenden Beamten.

Ein Glück! Ein Erfolg! Sljoskin kam in meine Rattenecke gerannt, rieb sich die Hände:

»Schreib ein zweites Programm!«

Wir beschlossen, nach »Tschechows Humor« würde ein Abendprogramm zu Puschkin kommen.[42]

Liebevoll machten Juri und ich uns an die Programmgestaltung.

»Dieser Tölpel kann nicht malen!«, wütete Sljoskin. »Soll Maria Iwanowna doch übernehmen!«

Ich hatte gleich eine düstere Vorahnung. Ich glaube, diese Maria Iwanowna malt ungefähr so gut, wie ich Geige spiele ... Dieses Gefühl hatte ich gleich, als sie in der Unterabteilung erschien und verkündete, sie sei eine Schülerin von N. höchstpersönlich. (Sofort wurde sie zur Bikuratleiterin ernannt.) Aber da ich nichts von Bildender Kunst verstehe, blieb ich still.

Genau eine halbe Stunde vor dem Puschkinabend betrat ich den Dekorationsraum und erstarrte ... Aus dem goldenen Rahmen starrte mich eine Gestalt an – ein regelrechter Nosdrjow.[43] Es war ein großartiger Nosdrjow. Unverschämte hervorquellende Augen, sogar der Backenbart auf der einen Seite dünner als auf der anderen. Die Illusion war so perfekt, als würde er gleich schallend loslachen und rufen:

»Na, Kumpel, da komm ich gerade vom Jahrmarkt! Kannst mir gratulieren – hab alles bis aufs Hemd verspielt!«

Ich weiß nicht, was sich in meinem Gesicht abspielte, doch die Künstlerin war zu Tode beleidigt. Sie wurde tiefrot unter der dicken Puderschicht, kniff die Augen zusammen.

»Sie ... ähm ... scheinen das Gemälde nicht zu mögen?«

»Nein-nein. He-he! Sehr ... nett. Sehr, sehr nett. Nur ... der Backenbart ...«

»Was? Sie wissen nicht, dass Puschkin einen trug? Na herzlichen Glückwunsch! Und das soll ein Literat sein, haha! Hätte ich Puschkin etwa glattrasiert malen sollen?!«

»Verzeihung, Koteletten hatte er zwar schon, aber er spielte doch keine Karten – und wenn doch, dann sicherlich ohne zu mogeln!«

»Wieso Karten? Ich verstehe rein gar nichts mehr! Machen Sie sich etwa über mich lustig?«

»*Sie* machen sich über Puschkin lustig! Er hat bei Ihnen doch Augen wie ein Räuber!«

»Waaas?«

Sie schmiss den Pinsel hin. In der Tür:

»Ich werde mich bei der Unterabteilung beklagen!«

Und dann! Und dann ... Sobald der Vorhang aufging und Nosdrjow unverschämt den dunklen Zuschauerraum angrinste, raschelte schon das Lachen. Mein Gott! Das Publikum dachte sich, dass nach Tschechows Humor nun ein Abend zu Puschkins Humor käme. Schweißgebadet sagte ich etwas über »das Nordlicht über den Schneewüsten der russischen Literatur« ... Das Publikum kicherte über den Backenbart, und es schien mir, als flüsterte Nosdrjow mir in den Rücken:

»Wäre ich dein Vorgesetzter, würde ich dich an dem erstbesten Baum aufhängen!«

Da konnte ich mich nicht mehr im Zaum halten und kicherte selbst. Dieses Kichern hatte einen grandiosen, ja phänomenalen Erfolg. Nie zuvor und nie danach wurde mir so viel Beifall gespendet. Weiter steigerte sich alles, crescendo. Als Salieri in der Inszenierung von Puschkins »Kleinen Tragödien« Mozart vergiftete, bekundete das Publikum seine Freude darüber mit schallendem Gelächter und ohrenbetäubenden »Zugabe!«-Rufen.

Ich floh über meine Rattenecke durch den Hinterausgang und sah unterwegs vage, wie der poetische Unruhestifter mit seinem Unruhestift und Notizblock in die Redaktion eilte …

Wusste ich's doch! Am Pfeiler klebt die Zeitung, und dort, auf Seite vier:

SCHON WIEDER PUSCHKIN!

Die Großstadt-Literaten, die sich in die örtliche Unterabteilung für Kunst verkrochen haben, haben objektiv gesehen einen neuen Versuch unternommen, die Öffentlichkeit zu korrumpieren, indem sie dieser ihr Idol Puschkin präsentierten. Sie erlaubten sich nicht nur, dieses Idol als einen typischen backenbarttragenden Landbesitzer und Fronherrn (der er ja auch war) darzustellen …

Und so weiter.

Herrgott! Herrgott! Mach doch bitte, dass der Unruhestifter stirbt! So viele bekommen gerade Flecktyphus, warum nicht er? Dieser Kretin wird es noch dazu bringen, dass sie mich verhaften!

Und diese verdammte gepuderte Biku-Zicke!

Vorbei. Alles vorbei! Die Abende wurden verboten …

… Furchtbarer Herbst. Strömender Schlagregen. Keine Ahnung, was wir essen sollen. Was sollen wir denn essen?!

X Der Fußlappen und die schwarze Maus

Hungrig laufe ich eines späten Abends im Dunklen über die Pfützen. Alles zugenagelt. Sockenfetzen und löchrige Schuhe an den Füßen. Kein Himmel. Stattdessen ein riesiger schmutziger Fußlappen. Die Verzweiflung macht mich betrunken. Ich murmle vor mich hin.

»Alexander Puschkin! Lumen coeli. Sancta rosa. Tödlich, tödlich, diese Prosa.«[44]

Werde ich etwa wahnsinnig? Da läuft der Schatten der Straßenlampe neben mir. Ich weiß: Es ist mein Schatten. Aber er trägt einen Zylinder. Ich eine Kappe. Meinen Zylinder habe ich auf dem Markt verkauft vor Hunger. Die guten Leute haben ihn gekauft und nutzen ihn als Nachttopf. Doch mein Herz und mein Hirn trage ich nicht zum Markt, auch wenn ich sonst abkratze. Verzweiflung. Ein Fußlappen über dem Kopf, eine schwarze Maus im Herzen …

XI Wie Knut Hamsun

Ich hungere.[45]

XII Fliehen, fliehen!

Hunderttausend! Ich habe hunderttausend Rubel![46]

Ich habe sie verdient!

Ein eingeborener Rechtsanwaltshelfer hat mich auf den richtigen Weg gebracht. Er kam auf mich zu, als ich still dasaß, den Kopf in den Händen, und sagte:

»Ich habe auch kein Geld. Es gibt nur eine Rettung – wir müssen ein Theaterstück schreiben. Ein revolutionäres Stück aus dem lokalen Leben. Das verkaufen wir dann …«

Ich starrte ihn dumpf an und erwiderte:

»Ich kann nichts aus dem lokalen Leben schreiben, weder ein revolutionäres Stück, noch ein konterrevolutionäres. Ich kenne den Alltag hier nicht. Und überhaupt, ich kann gar nichts schreiben. Ich bin erschöpft, und ich glaube, mir fehlt die literarische Begabung.«

Darauf er:

»Sie reden Unsinn. Das kommt vom Hunger. Seien Sie ein Mann. Alltag! Den Alltag kenne ich wie meine fünf Finger. Wir schreiben zusammen. Das Geld halbe-halbe.«

Und wir machten uns ans Schreiben. Er hatte einen heißen runden Ofen im Zimmer. Seine Frau hängte die Wäsche auf, und dann gab es Rote-Beete-Salat mit Öl und Tee mit Süßstoff. Er nannte passende Namen, erzählte von den Sitten, und ich erfand die Geschichte. Mit seiner Hilfe. Und mit der seiner Frau, die sich zu uns setzte und Ratschläge gab. Sofort war mir klar, dass sie beide viel mehr Talent hatten als ich. Aber ich war nicht neidisch, denn ich hatte beschlossen: Dieses Stück wird das letzte sein, was ich jemals schreibe.

Also schrieben wir.

Er fläzte sich vor dem Ofen und sagte:

»Die Schöpfung ist mir ein Vergnügen!«

Ich knirschte mit dem Stift …

In sieben Tagen war das dreiaktige Stück fertig. Als ich es nachts in meinem ungeheizten Zimmer durchlas, musste ich weinen – das gebe ich ganz offen zu. Es war nämlich ein ganz erstaunlich jämmerliches Machwerk! Jede Zeile dieser kollektiven Schöpfung triefte vor dumpfer Unverschämtheit. Ich traute meinen Augen kaum. Wenn ich so schreibe, was konnte ich denn noch hoffen, ich Wahnsinniger? Meine Schande starrte von den feuchten grünen Wänden, aus den furchtbaren schwarzen Fenstern. Ich begann, das Manuskript zu zerreißen. Doch dann stockte ich. Mir wurde auf einmal wundersam klar: Geschriebenes lässt sich nicht vernichten! Zerreißen, verbrennen, das schon … Vor anderen verstecken. Aber vor sich selbst doch nicht! Erledigt. Unauslöschlich.[47] Ich habe dieses erstaunliche Werk produziert. Erledigt!

Die Unterabteilung der Eingeborenen war vom Theaterstück ganz begeistert. Eine Furore! Sofort wurde es für 200 000 gekauft. Zwei Wochen später lief es schon.

Im Atemnebel von Tausend Zuschauern funkelten Dolche, Patronengurte und Augen. Nachdem im dritten Akt die heldenhaften Reiter den Polizeihauptmann und die Wächter geschnappt haben, schallte es:

»Der Schurke! Geschieht ihm Recht!«

Und als die Unterabteilungsdamen begannen, den Autor auf die Bühne zu rufen, riefen auch die Tschetschenen, Kabardiner und Inguschen im Zuschauerraum mit.

Hinter den Kulissen wurden Hände gedrückt.

»Erstklassyges Stuck!«, urteilten die Eingeborenen und luden uns in ihr Bergdorf ein.

... Jetzt fliehen! Fliehen! Mit 100 000 kann man's schaffen. Vorwärts. Zum Meer. Wasser, und mehr Wasser, dann feste Erde: Frankreich, Paris!

Der schräge Regen peitschte mein Gesicht, ich zitterte in meinem dünnen Mantel und rannte durch die Gassen nach Hause – zum letzten Mal.

Ihr Belletristen und Dramaturgen in Paris, in Berlin, versucht es doch mal! Versucht mal, so zum Spaß, einen schlechteren Text zu schreiben! Selbst mit den Gaben von Kuprin, Bunin und Gorki zusammen schafft ihr es nicht, so sehr ihr euch bemüht. Das ist mein Rekord des kollektiven Schaffens! Wir hatten zu dritt gearbeitet: ich, der Rechtsanwaltshelfer und der Hunger. So war das geschehen, Anfang 1921 ...

XIII

Verschwunden die Stadt vor den Bergen. Zur Hölle mit ihr ... Zichisdsiri. Machinjauri. Das Grüne Kap![48] Blühende Magnolien. Tellergroße weiße Blüten. Bananen. Palmen! Ich schwöre, ich habe es selbst gesehen: Eine Palme wuchs aus dem Boden. Und ständig singt das Meer am Granitfelsen. Die Bücher hatten nicht gelogen: Die Sonne sinkt ins Meer. Die Meerespracht. Die Himmelshöhe. Ein senkrechter Fels, darauf kriechende Pflanzen. Tschakwi. Zichisdsiri. Das Grüne Kap.

Wohin fahre ich? Wohin? Ich trage mein letztes Hemd. Krumme Buchstaben auf den Manschetten. Schwere Hieroglyphen in meinem Herzen. Nur ein geheimnisvolles Zeichen konnte ich entziffern. Es bedeutet: Weh ist mir! Wer soll mir all die anderen deuten?

Wie tot liege ich auf den wasserglatten Kieselsteinen. Ganz schwach vor Hunger. Der Kopf schmerzt von früh bis spät. Und dann die Nacht am Meer. Ich sehe es nicht, höre es nur rauschen. Flut, Ebbe. Eine verspätete Welle zischt. Auf einmal: dreistöckige Lichter hinter dem dunklen Kapp.

Das Schiff Polatzky, unterwegs zum Goldenen Horn …

Tränen, salzig wie Meereswasser.

Sah einen unbekannten Dichter. Er lief auf dem Nuri-Bazar umher und versuchte, seinen Hut zu verkaufen. Die Georgier lachten.

Er lächelte verschämt und erklärte, dass es kein Witz sein sollte. Ihm wurde sein Geld gestohlen, daher müsse er den Hut verkaufen. Das war gelogen! Er hatte schon lange kein Geld mehr. Er hatte seit drei Tagen nichts gegessen … Später, als wir uns ein Pfund Çörek teilten, gab er das zu. Er war unterwegs aus Pensa nach Jalta.[49] Ich musste fast lachen – und dann fiel mir wieder ein: was ist denn mit mir selbst?

Eine Stunde später hatte ich meinen Mantel auf dem Markt verkauft. Abends fährt ein Dampfschiff. Die lassen mich nicht an Bord. Die lassen mich nicht!

Genug! Soll das Goldene Horn weiter leuchten. Nie werde ich es sehen. Jeder hat seine Grenzen. Meine ist erreicht. Ich bin hungrig, ich bin gebrochen! Meinem Gehirn fehlt das Blut. Ich bin schwach und ängstlich. Hier kann ich aber nicht mehr bleiben. Also … also … also …

XIV Nach Hause

Nach Hause. Übers Meer. Dann im Güterwagen. Wenn das Geld nicht reicht, zu Fuß. Nach Hause. Mein Leben ist ruiniert. Nach Hause!

Nach Moskau! Nach Moskau!!

Nach Moskau!!!

Lebe wohl, Zichisdsiri. Lebe wohl, Machinjauri. Lebe wohl, Grünes Kap!

Teil 2

Moskau

I Der Moskauer Abgrund. Zwöschawlam

Bodenlose Finsternis. Ein Scheppern. Ein Rattern. Die Räder drehen sich noch, aber langsamer, langsamer. Stopp. Schluss. Der Schluss aller Schlüsse. Weiter geht es nicht. Wir sind in Moskau. *Moskau.*

Einen Augenblick beschäftigt mich ein langer kräftiger Ton aus der Dunkelheit. Furchtbar grollt es in meinem Gehirn:

C'est la lutte finaaaaale
…L'Internationaaaaaaale

Nein, nicht in meinem Gehirn, hier, aber genauso heiser und furchtbar:

L'Internationale!

Die Güterwagen im Dunklen. Der Wagen voller Studenten wurde wieder still.

Ich nahm allen Mut zusammen und sprang hinunter. Landete auf etwas Weichem, es stöhnte auf und kroch weg. Dann blieb ich an einer Eisenbahnschiene hängen, stürzte noch tiefer. Mein Gott, ist unter meinen Füßen denn wirklich ein Abgrund?

Graue Körper fließen dahin, unmögliche Lasten auf den Schultern … Sie fließen dahin …

Eine Frauenstimme:

»Das schaffe ich nicht!«

Im schwarzen Nebel erkannte ich die Medizinstudentin.

Sie hatte drei Tage und drei Nächte im Güterwagen neben mir zusammengekrümmt verbracht.

»Darf ich helfen?«

Für einen Blick schien es mir, als schwankte der schwarze Abgrund, und alles wurde grün. Wie viel wiegt dieser Sack denn?

»Fast fünfzig Kilo … Wir haben das Mehl festgetrampelt.«

Taumelnd auf die Lichter zu, funkelnde Zacken vor Augen.

Strahlen splittern. Eine graue Menschenschlange kriecht zu den Lichtern. Eine Glaskuppel. Ein langes, langes Dröhnen. Blendendes Licht. Fahrkarte. Pforte. Stimmenexplosion. Ein Schimpfwort fällt schwer zu Boden. Wieder Finsternis. Wieder ein Strahl. Finsternis. Moskau! Moskau.

Ein Pferdewagen, hoch beladen wie eine Kirchenkuppel, wie die Sterne auf dem Samt des Himmels. Rumpelnd fuhr er los, und die dämonischen Stimmen der grauen Gewänder schimpften auf den Wagen, der steckenblieb, und auf denjenigen, der schnalzend das Pferd antrieb. Der lange, schmutzig weiße Mantel der Studentin erschien mal rechts, mal links. Schließlich entflohen wir dem Chaos der vielen Räder, die bärtigen Gesichter blieben zurück. Weiter, weiter über die zertrampelte Straße. Finsternis. Wo waren wir? An welchem Ort? Egal. Macht keinen Unterschied. Ganz Moskau ist schwarz, schwarz, schwarz. Die Häuser still. Starren uns an, kalt und trocken. Oh Gott, oh Gott. Vorbei an einer Kirche. Verschwommen wirkt sie, verloren. Verschwindet im Dunkeln.

Zwei Uhr nachts. Wo soll ich denn schlafen? So viele Häuser, so viele! Ganz einfach, oder? Irgendwo anklopfen. Aaaber sicher doch …!

Die Studentin:

»Wo übernachten Sie eigentlich?«

»Das weiß ich nicht.«

»Wie denn das?«

...es gibt gute Menschen auf der Welt. Hier, in der Nähe, ein Mietzimmer, der Bewohner ist noch auf dem Lande. Eine Nacht ließe sich dort verbringen ...

»Oh, da bin ich Ihnen sehr verbunden! Morgen werde ich meine Bekannten hier finden.«

Da wurde mir etwas fröhlicher zumute. Das Seltsame war: Erst als klar war, dass ich ein Dach über dem Kopf haben würde, spürte ich auf einmal, dass ich drei Nächte lang nicht geschlafen hatte.

Zwei Lampen kämpfen auf der Brücke gegen die Dunkelheit an. Nach der Brücke fallen wir gleich wieder in die Finsternis. Dann eine Laterne. Ein grauer Zaun, darauf ein Plakat. Riesige farbige Buchstaben. Ein Wort. Aber was für eins!

Was steht denn da? Zwöschawlam. Was soll das denn heißen? Was?!

Zwölfjähriges Schaffensjubiläum Wladimir Majakowskis.

Der Wagen blieb stehen, wurde entladen. Ich setzte mich auf einen Prellstein und starrte fasziniert. Das ist mir mal ein Wort! Da hatte ich naives Landei in den Bergen noch über den Bikurat gelacht! Zum Teufel aber auch. So schlimm ist Moskau auch wieder nicht. Nur zu gern würde ich mir den Jubilar vorstellen. Nie habe ich ihn gesehen, aber ich weiß ... ich weiß! Um die vierzig, klein und flink, Glatze, Brille. Hochgekrempelte Hose. Geht jeden Morgen zur Arbeit. Nichtraucher.[50] Große Wohnung mit dicken Vorhängen, nur wurde sie jetzt kommunalisiert, man hat ihm einen Mitbewohner zugeteilt: früher Rechtsanwalt, jetzt Gefängniskommandant. Dem Dichter bleibt nur sein Arbeitszimmer mit dem kalten Kamin. Er mag Butter, lustige Gedichte und Ordnung. Sein Lieblingsautor ist Conan Doyle. Seine Lieblingsoper »Eugen Onegin«. Zum Essen brät er sich Frikadellen am Spirituskocher. Den Rechtsanwaltskommandanten kann er nicht leiden und träumt immerzu davon, ihn irgendwie loszuwerden, dann eine nette Frau zu heiraten und ein wunderbares Familienleben in fünf Zimmern zu führen.

Der Wagen knarrte, schwankte, fuhr noch eine Zeit lang, blieb stehen. Kein Sturm, kein Gewitter kann dem unsterblichen Normalbürger Iwan Iwanowitsch Iwanow etwas anhaben. Neben einem Haus, das mir – verängstigt wie ich war, und im Dunklen dazu – an die fünfzehn Stockwerke hoch schien, wurde unser Wagen deutlich magerer. In der tintenschwarzen Nacht huschte eine kleine Gestalt vom Wagen zum Eingang und zurück und flüsterte: »Papa, was ist denn mit Butter? Papa, was ist mit Schmalz? Papa, Weizenmehl?«

Der Papa, Iwan Iwanowitsch Iwanow, stand im Dunklen und murmelte: »Schmalz ... so ... Butter ... Weizenmehl ... Roggenmehl ... Alles da.«

Dann loderte die schwarze Hölle kurz auf, Papas kurzer Finger war zu sehen, in aller Ruhe zählte er dem Kutscher zwanzig Scheine ab.

Stürme wird es noch geben. Oh ja, es wird große Stürme geben! Jeder könnte sterben. Aber nicht Papa Iwanow!

Der Wagen verwandelte sich in eine riesige, fast leere Plattform; der Mehlsack der Studentin und mein Koffer waren darauf ganz verloren. Wir setzten uns hin, ließen die Beine baumeln und fuhren los in die dunkle Tiefe.

II Haus 4, Eingang 6, Etage 2, Wohnung 50, Zimmer 7

Im Grunde weiß ich nicht, warum ich beschloss, ganz Moskau auf dem Weg zu diesem kolossalen Gebäude zu durchqueren. Mit dem Zettel, den ich behutsam aus den fernen Bergen hierhergebracht habe, hätte ich genauso gut – oder vielmehr genauso schlecht – jedes andere sechsstöckige Gebäude in Moskau aufsuchen können.[51]

Eingang 6, toter Aufzug in großmaschigem Rohr. Erst mal durchatmen. Immerhin wird gleich mein Schicksal entschieden.

Ich stieß die unverschlossene Tür auf. Ein düsteres Vorzimmer, darin eine riesige Kiste mit Papier und der Deckel eines Flügels. Dann ein Zimmer voller Frauen und Rauch. Das Klappern einer Schreibmaschine. Stille. Eine tiefe Stimme sagte: »Meyerhold«.

»Wo ist der Litrat?«, fragte ich, gegen eine Holzschranke gelehnt.

Die Frau hinter der Schranke zuckte gereizt die Schultern. Weiß sie doch nicht. Eine andere. Weiß es auch nicht. Aber dann – ein dunkler Gang. Aufs Geratewohl hinein. Hinter einer Tür ein Bad. Doch an der anderen Tür hängt ein Fetzen Papier. Schief angenagelt, die Ecke hochgeknickt. Li … Ja, doch, tatsächlich. Litrat! Mein Herz. Dröhnende Stimmen hinter der Tür.

Ich schloss kurz die Augen und stellte mir vor. Dort. Dort sicherlich Folgendes: Im Vorzimmer ein riesiger Teppich, ein Schreibtisch, Bücherregale … Feierliche Stille. Am Schreibtisch der Sekretär – wahrscheinlich ein Name, den ich aus Zeitschriften kenne. Dann eine Tür. Das Büro des Leiters. Noch stiller, noch feierlicher, noch mehr Schränke. In einem Sessel – ja, wer? Litratleiter? In Moskau? Müsste doch Maxim Gorki sein! *Die Mutter* … *Nachtasyl* … Wer denn sonst? Es dröhnte weiter … Da redeten sie … Vielleicht sind es Brjussow und Bely?[52]

Ich klopfte behutsam an die Tür. Das Dröhnen hörte auf, dann, dumpf: »Herein!« Wieder das Dröhnen. Ich zog am Knauf, und er blieb in meiner Hand zurück. Ich erstarrte: die Tür kaputtgemacht, was für ein Anfang. Ich klopfte wieder. »Herein! Herein!«

»Es geht nicht!«, rief ich.

Durch das Schlüsselloch kam eine Stimme:

»Setzen Sie den Knauf wieder ein, kurz nach rechts, dann nach links; Sie haben uns eingesperrt.«

Nach rechts, nach links, die Tür gab nach, und …

III Ich: an zweiter Stelle gleich nach Gorki

Hier war ich bestimmt falsch! Das, und Litrat? Ein Korbstuhl, wie auf der Datscha. Ein leerer Holztisch. Ein offener Schrank. Ein kleiner Tisch reckte in der Ecke die Beine in die Luft. Zwei Menschen. Der eine groß gewachsen, sehr jung, mit Zwicker. Auffallend weiße Gamaschen, in den Händen eine rissige Aktentasche und einen Sack. Der andere ein angegrauter Alter mit lebhaften, schmunzelnden Augen. Er trug eine kaukasische Militärmütze und einen Militärmantel, der ganz aus Löchern bestand; die Manteltaschen hingen in Fetzen heraus. Seine Gamaschen waren grau. Dazu ehemals elegante Lackschuhe mit Schleifen.

Mein Blick erlosch.

Ich suchte die Gesichter ab, dann die Wände – gab es vielleicht noch eine Tür? Nein. Durch dieses Zimmer mit den herunterhängenden abgerissenen Kabeln kam man nicht weiter. Das war's.

»Hier … Litrat?«, stammelte ich.

»Ja.«

»Könnte ich den Leiter sehen?«

»Das bin ich«, sagte der Alte freundlich.

Dann nahm er ein riesiges Zeitungsblatt vom Tisch, riss ein Viertel ab, schüttete Tabak hinein, drehte eine fette Papirossa und fragte mich:

»Feuer?«

Mechanisch zündete ich ein Streichholz an, kramte dann unter seinem sanften, fragenden Blick meinen kostbaren Zettel hervor.

Der Alte beugte sich über den Zettel, und ich rätselte, wer er denn bloß sein könnte. Wenn Emil Zola sich den Bart abrasiert hätte, würde er sehr ähnlich aussehen …

Der junge Mann las über die Schulter des Alten mit. Als sie fertig waren, blickten sie wieder zu mir, respektvoll und irgendwie ratlos.

Der Alte:

»Nun, Sie …?«

Ich sagte:

»Ich hätte gerne eine Stelle beim Litrat.«

Der Junge rief begeistert:

»Großartig! Moment mal …«

Er nahm den Alten bei dem Arm, dröhnte ihm flüsternd ins Ohr.

Der Alte drehte sich um, schnappte eine Feder vom Tisch. Der Junge sagte mit zungenbrecherischer Geschwindigkeit:

»Schreiben Sie einen Antrag!«

Den Antrag hatte ich bereits dabei. Ich überreichte ihn.

Der Alte schwang die Feder. Sie machte einen Hüpfer, krrrack, und zerriss das Papier. Er tunkte sie ins Fässchen. Es war ausgetrocknet.

»Haben Sie vielleicht einen Bleistift?«

Ich holte einen hervor, und der Leiter schrieb schief:

»Gesuch um Ernennung zum Litratsekretär.« Unterschrift

Ein paar Sekunden lang starrte ich die verwegenen Kringel mit offenem Mund an.

Der Junge zog mich am Ärmel:

»Los, los, gehen Sie hoch, solange er noch da ist! Kommen Sie schon!«

Und ich raste nach oben. Stürmte durch den Raum mit den rauchenden Frauen und ins Büro. Dort nahm ein Mann mein Papier und schrieb: »Zum Litratsek. ern.«, dazu einen Kringel. Dann gähnte er und sagte: »Hinunter.«

Wie im Nebel hetzte ich zurück. Eine Schreibmaschine. »Meyerhold. Die Oktoberrevolution des Theaters!« Diesmal keine Bassstimme, sondern ein silbriges Soprano.

Der Junge rannte im Kreis um den Alten und lachte schallend:

»Unterzeichnet? Prima! Wir schaffen das! Wir schaffen das schon!«

Dann schlug er mir auf die Schulter:

»Nase hoch! Wird schon!«

Von Kindesbeinen an kann ich Familiarität nicht leiden, und von Kindesbeinen an falle ich ihr immer wieder zum Opfer. Nun aber hatten mich die Ereignisse dermaßen geplättet, dass ich nur ratlos murmeln konnte:

»Aber … was ist denn mit Tischen? Und Stühlen? Und Tinte?«

Aufgeregt rief der Junge:

»Da hast du recht! Kriegen wir hin!«

Drehte sich zum Alten um, nickte zwinkernd in meine Richtung:

»Der Kerl geht ja gleich zur Sache! Tische und alles – ja, der packt richtig an!«

»Zum Litratsek. ern.« Mein Gott! Litrat. Moskau. Maxim Gorki. *Nachtasyl*. Scheherazade … *Die Mutter*.

Der junge Mann breitete eine Zeitung auf dem Tisch aus, wuchtete einen Sack hoch und schüttete um die fünf Pfund Erbsen heraus. »Hier, für Sie. 1/4 Ration.«

IV Ich schalte den Litrat ein

Literaturhistoriker sollten sich Folgendes gut merken:

Ende 1921 waren in der Republik[53] drei Personen für Literatur zuständig: der Alte (er schrieb Dramen und war nicht Emil Zola, sondern mir gänzlich unbekannt), der Junge (sein Assistent, ebenfalls unbekannt; er schrieb Lyrik) und ich (der ich gar nichts schrieb).

Ebenfalls für den Historiker: Der Litrat hatte keine Stühle, keine Tische, keine Tinte, keine Glühbirnen, keine Bücher, keine Schriftsteller, keine Leser. Kurzum: Rein gar nichts.

Aber ich – ja, ich! – habe aus dem Nichts ein antikes Mahagonistehpult gezaubert. In seiner Schublade fand ich ein vergilbtes Stück goldverzierten Karton mit den Worten »... Damen in halb offenen Ballkleidern. Militärs mit Epauletten; befrackte Zivilisten; uniformierte Studenten. Moskau 1899.«

Ein sanfter, süßer Duft. In der Schublade musste mal ein Flakon teures französisches Parfum gelegen haben. Nach dem Stehpult erschien ein Stuhl. Dann Tinte und Papier, und schließlich eine junge Frau, zögerlich und melancholisch.

Auf meine Anweisung legte sie alles, was sie im Schrank fand, in säuberlichen Stapeln auf den Tisch: Broschüren über irgendwelche »Schädlinge«, zwölf Ausgaben einer Petersburger Zeitung, grüne und rote Einladungskarten zu einer Lokalversammlung. Schon sah der Raum nach einer Kanzlei aus. Der Alte und der Junge waren ganz begeistert. Sie klopften mir liebevoll auf die Schulter und verschwanden.

Die junge Melancholikerin und ich verbrachten Stunden allein, ich am Stehpult, sie am Schreibtisch. Ich las *Die drei Musketiere* des unnachahmlichen Dumas: Das Buch hatte ich im Badezimmer auf dem Fußboden gefunden. Sie saß einfach nur da und unterbrach ihr Schweigen nur durch einen gelegentlichen tiefen Seufzer.

»Warum weinen Sie?«, fragte ich einmal.

Sie schluchzte händeringend. Dann:

»Ich habe aus Versehen einen Banditen geheiratet.«

Da hatte ich gedacht, nach den letzten zwei Jahren konnte mich nichts mehr überraschen. Aber nun starrte ich die junge Frau dumpf und wortlos an.

»Sie müssen nicht weinen! Das kommt vor«, brachte ich schließlich heraus. »Wollen Sie es mir erzählen?«

Sie fischte ein Taschentuch heraus, wischte sich die Tränen weg und erzählte: Sie hatte einen Studenten geheiratet. Sein Foto hatte sie vergrößern lassen und im Wohnzimmer aufgehängt. Ein Agent war hereingekommen, hatte einen Blick darauf geworfen und gesagt, der Mann auf dem Bild heiße gar nicht Karasew, sondern Dolski, ebenfalls bekannt als Glusman, ebenfalls als Senja der Flinke.

»Senja der Flin-ke ...«

Die arme Frau schüttelte sich und wischte sich wieder die Tränen weg.

»Weggelaufen, was? Vergessen Sie ihn doch!«

Bin schon seit drei Tagen hier. Nichts passiert. Rein gar nichts. Niemand kommt herein. Niemand als ich und die junge Frau ...

Da wurde mir auf einmal klar: Der Litrat ist noch aus! Über uns ist Leben. Ich höre Füße stampfen. Nebenan ist auch etwas. Mal rattern die Schreibmaschinen, mal wird gelacht. Irgendwelche rasierten Menschen kommen und gehen. Ständig ist von Meyerhold die Rede, er ist ungeheuer populär, auch wenn er selbst nicht erscheint.

Hier aber: Stille. Keine Papiere. Nichts. Also musste ich den Litrat einschalten.

Eine Frau mit einem Stapel Zeitungen stieg gerade die Treppe hoch. Auf der obersten stand rot gekritzelt »Für den Bikurat«.

»Was ist denn mit dem Litrat?«

Sie starrte mich erschrocken an und sagte nichts. Ich stieg hoch, sprach das Fräulein an, das unter der Aufschrift »Sekretariat« saß.

Sie hörte mir zu und schielte ängstlich zu ihrer Nachbarin.

»Tatsächlich ... der Litrat!«, sagte sie.

Die zweite erwiderte:

»Es gibt ein Papier für sie, Lidotschka.«

»Warum haben Sie es uns denn nicht zukommen lassen?«, fragte ich eiskalt.

Angespannter Blick:

»Wir dachten, es gibt Sie nicht.«

Nun ist der Litrat eingeschaltet. Aus dem Sekretariat ist heute bereits ein zweites Papier gekommen. Eine Frau mit Kopftuch hat es gebracht. Dazu überreichte sie eine Mappe, in der ich unterschreiben musste.

Ich schrieb einen Antrag an die Wirtschaftsabteilung, verlangte ein Automobil. Zwei Tage später kam jemand, zuckte die Schultern:

»Brauchen Sie ein Auto denn?«

»Mehr als irgendjemand sonst in diesem Gebäude.«

Der Alte erschien wieder. Der Junge auch. Als der Alte das Auto sah und von mir hörte, dass er Papiere zu unterschreiben hatte, musterte er mich ausgiebig, kaute an seiner Unterlippe und sagte:

»Etwas ist an Ihnen dran! Vielleicht schaffen Sie es ja auch, akademische Rationen zu bekommen?«

Die Banditengattin und ich machten uns daran, einen Antrag für Löhne und Rationen zu schreiben. Der Litrat war nun Teil der Maschine.

Mein künftiger Biograf sollte wissen: Das war meine Errungenschaft.

V Vier Schwalben machen einen Sommer

Um 11 morgens betrat ein junger, offenbar frierender Dichter den Raum. Leise stellte er sich vor: »Storn.«

»Was kann ich für Sie tun?«

»Ich möchte mich beim Litrat bewerben.«

Ich faltete das Blatt auf, das mit »Personalbestand« überschrieben war. Verschwommen und verträumt schwebte mir ungefähr Folgendes vor:

»Lyriklehrende: Brjussow, Bely etc.

Prosa: Gorki, Weressajew, Schmeljow, Sajzew, Serafimowitsch etc.«

Doch keiner der Granden kam.

Also kritzelte ich mutig auf Storns Schreiben: »Ges. um Ern. zum Lehr. I.A. Leiter.« Kringel.

»Gehen Sie hoch, solange er noch da ist.«

Dann erschien der kraushaarige, rotbäckige und äußerst lebensfreudige Dichter Skarzew.

»Gehen Sie hoch, solange er da ist.«

Ein ungewöhnlich düsterer bebrillter Fünfundzwanzigjähriger aus Sibirien, so robust gebaut, als wäre er aus Kupfer.

»Gehen Sie hoch –«

Er sagte aber:

»Mach ich nicht.«

Setzte sich auf den wackeligen Stuhl in der Ecke, nahm ein Blatt Papier heraus und begann, kurze Zeilen hinzuschreiben. Offenbar ein erfahrener Mann.

Die Tür ging auf, herein kam ein schöner warmer Mantel und Robbenfellmütze. Ein Dichter. Sascha.

Der Alte schrieb die magischen Worte. Sascha sah sich aufmerksam um, berührte nachdenklich ein abgerissenes Kabel, schaute in den Schrank. Seufzte.

Setzte sich zu mir, fragte vertraulich:

»Gibt's Geld?«

VI Wir nehmen Fahrt auf

Es gab keinen freien Platz an den Tischen. Alle waren da und schrieben Losungen, dazu noch ein Neuer, laut und zappelig, mit goldener Brille. Er nannte sich »König der Reporter«. Erschienen war er morgens um Viertel vor acht nach dem Tag, an dem wir einen Vorschuss bekommen hatten, mit den Worten:

»Ich habe gehört, es gab hier neulich Geld?«

Sogleich erhielt er eine Stelle.

Mit den Losungen stand es wie folgt.

Von oben war ein Schreiben gekommen:

»Der Litrat wird dringend gebeten, bis 12.00 (Tag, Monat) eine Reihe von Losungen bereitzustellen.«

Theoretisch hätte das Ganze so ablaufen sollen: Der Alte müsste mit meiner Hilfe eine Art Befehl oder Aufruf formulieren und überall verbreiten, wo sich Schriftsteller vermuten ließen. Die Losungen würden dann aus der ganzen Republik kommen, schriftlich, mündlich und per Telegraf. Es wäre eine Kommission zu bilden, die unter den Tausenden Einreichungen die besten aussucht und diese bis um 12.00 (Tag, Monat) weiterleitet. Anschließend müssten ich und das mir unterstehende Sekretariat (also die melancholische Räubergattin) eine Bedarfsanforderung erstellen, Mittel erhalten und den glücklichen Gewinnern Honorare für die besten Losungen auszahlen.

Das war die Theorie. Die Praxis sah so aus:

1. Kein Aufruf war möglich, da es niemanden zum Aufrufen gab. Die oben genannten Mitarbeiter des Litrats (inklusive des Königs) waren die einzigen verfügbaren Literaten weit und breit.
2. Es würden also nicht Tausende von Losungen eingehen.
3. Auf jeden Fall hätten wir bis 12.00 (Tag, Monat) nichts bereitstellen können, da das Schreiben um 13.26 angekommen war – an ebenjenem Tag in ebenjenem Monat.
4. Eine Bedarfsanforderung konnten wir ebenfalls nicht schreiben, da die Kategorie »für Losungen« nicht existierte.

Aber: Der Alte hatte einen kleinen Geheimvorrat zur Verfügung, einen Reisekostenetat.

Daher wurde Folgendes beschlossen:

1. Die Losungen waren im Eilverfahren von allen Anwesenden zu schreiben.
2. Die Kommission zur Bewertung von Losungen war, um die Unparteilichkeit zu garantieren, ebenfalls aus allen Anwesenden zu bilden.
3. Für die besten Losungen waren 15 000 Rubel pro Stück auszuzahlen.

Um 13.50 machten wir uns an die Arbeit; um 15.00 waren die Losungen fertig. Jeder schaffte es, etwa ein halbes Dutzend Stück herauszuquetschen, bis auf den König: Dieser hatte 19 geschrieben, in Versen und Prosa.

Die Kommission war streng und gerecht.

Ich als Losungsautor hatte nichts mit meinem Ich als Losungskritiker gemeinsam.

Angenommen wurden:

- 3 Losungen des Alten
- 3 Losungen des Jungen
- 3 Losungen von mir

usw. Kurzum: 45 000 für jeden.

Uuu, dieser Wind ... Jetzt beginnt es auch noch zu nieseln. Auf dem Trubnaja-Platz kaufte ich eine Fleischpastete – regenfeucht, schmeckt aber zum Wahnsinnigwerden – dazu eine Packung Süßstoff und zwei Pfund Weißbrot.

Ich überholte Storn. Er kaute auch etwas im Gehen.

VII Plötzlich ein Albtraum

… ich schwöre, ich träume! Oder ist es vielleicht ein böser Zauber?!

Heute kam ich zwei Stunden zu spät zur Arbeit.

Drehte den Knauf herein, öffnete die Tür und sah: Das Zimmer war leer. Aber wie leer! Die Tische waren nicht mehr da, die Melancholikerin, die Schreibmaschine … ja, nicht einmal die Kabel. Gar nichts.

Also war es ein Traum gewesen. Ich verstehe … Ich verstehe …

Schon lange scheint es mir, alles um mich herum wäre ein Phantomgebilde. Eine schimmernde Fata Morgana. Da, wo gestern noch … Aber war es wirklich gestern? Vor hundert Jahren … vor einer Ewigkeit … nie dagewesen … Oder gerade erst verschwunden? Ins Irrenhaus mit mir!

Aber Moment mal – der gutmütige Alte … Der Junge … Der traurige Storn … Die Schreibmaschine … Die Losungen … Hat es sie nie gegeben?

Doch! Ich bin nicht verrückt. Es hat sie sehr wohl gegeben!

Wo sind sie also hin?

Wankend, die Augen halb verschlossen (damit man mich nicht gleich schnappt und wegbringt), lief ich den düsteren Gang entlang. Da wurde mir endgültig klar, dass mit mir etwas los war. Über einer Tür leuchtete auf einmal eine feurige Schrift auf, wie im Kinotheater:

»AM 25. DES MONATS MÄRZ EREIGNETE SICH IN PETERSBURG EIN AUSSERORDENTLICH MERKWÜR-

DIGER VORFALL. ALS DER BARBIER IWAN JAKOWLEWITSCH …«[54]

Ich las nicht weiter, sondern machte mich entsetzt davon. Am Empfang blieb ich stehen, versteckte die Augen noch tiefer unter den Lidern und fragte dumpf:

»Wissen Sie vielleicht, wo der Litrat hin ist?«

Eine grimmige Frau mit purpurner Schleife im schwarzen Haar antwortete gereizt:

»Was für ein Litrat denn? Höre ich zum ersten Mal.«

Jetzt schloss ich die Augen ganz. Eine andere Frauenstimme sagte mitfühlend:

»Moment mal, das ist doch gar nicht hier. Da sind Sie bei uns falsch. Der Litrat sitzt in der Wolchonka-Straße.«

Es lief mir kalt den Rücken herunter. Ich ging hinaus. Wischte mir den Schweiß von der Stirn. Jetzt nichts als durch ganz Moskau zu Rasumichin. Alles vergessen. Wenn ich ganz still bin, nichts sage, wird niemand etwas erfahren. Ich kann bei Rasumichin auf dem Boden schlafen. Mich Geisteskranken wird er nicht verjagen …[55]

Aber eine letzte schwache Hoffnung glimmerte noch in meinem Herzen. Ich ging auf die Suche. Auf die Suche. Dieses sechsstöckige Gebäude war regelrecht furchterregend. Wie ein Ameisenhaufen von horizontalen Gängen durchzogen, sodass man es ganz durchqueren kann, ohne je auf die Straße zu gehen. Ich lief durch die dunklen Windungen, fand mich gelegentlich in Nischen hinter Trennwänden aus Sperrholz. Rötliche Lichter brannten, keine Sparlampen. Besorgt wirkende Menschen strebten irgendwo hin. Dutzende von

Frauen saßen an Schreibmaschinen. Aufschriften flirrten. Finabt. Ethmin.[56] Licht, dann wieder Finsternis. Irgendwann stand ich auf dem Treppenabsatz und schaute mich verloren um. Ein ganz anderes Königreich. So ein Unsinn … Mit jedem Schritt entfernte ich mich von dem verzauberten Litrat. Hoffnungslos. Ich stieg die Treppe hinunter und ging hinaus. Drehte mich um. Hauseingang 1 …

… ein zorniger Windstoß. Wieder kalte Ströme aus dem Himmel. Ich zog meine Sommermütze in die Stirn, hob den Mantelkragen. Nach ein paar Minuten füllten sich die Stiefel durch die großen Schlitze an den Sohlen mit Wasser. Eine Erleichterung. Jetzt musste ich mir nicht mehr einbilden, ich würde es mit trockenen Füßen nach Hause schaffen. Ich musste nicht von einem Stein auf den anderen springen und so den Weg verlängern. Jetzt konnte ich direkt durch die Pfützen laufen.

VIII Eingang 4, Erdgeschoss, Wohnung 23, Zimmer 40

Feurige Buchstaben:

»IN DIESER WELT KOMMEN DIE UNSINNIGSTEN DINGE VOR, ZUWEILEN SOLCHE, DIE GANZ UNWAHRSCHEINLICH SIND: DIESELBE NASE, DIE ALS STAATSRAT SPAZIERENGEFAHREN WAR UND IN DER STADT SOLCHES AUFSEHEN ERREGT HATTE, BEFAND SICH PLÖTZLICH WIEDER, ALS OB NICHTS GESCHEHEN WÄRE, AUF IHREM PLATZ …«

Guter Rat kommt über Nacht. Das ist die reinste Wahrheit. Als ich morgens früh vor Kälte erwachte, mich auf dem Sofa hinsetzte und mir durch das Haar fuhr, schien mein Kopf etwas klarer.

Logisch gesehen: Hatte es den Litrat gegeben? Ja, natürlich! Ich weiß doch auch, der wievielte es ist und wie ich heiße ... Also ist er verschwunden. Dann gilt es eben, ihn zu finden! Aber die Frau sagte doch, in der Wolchonka-Straße ...? Nein, Unsinn! Diesen Frauen kann man den Litrat direkt unter der Nase davonstehlen. Keine Ahnung, wofür sie überhaupt da sind. Die reinste Qual mit ihnen.

Ich zog mich an, trank das Glas Wasser, das ich mir gestern besorgt hatte, aß ein Stück Brot und eine Kartoffel – und dann hatte ich schon einen Plan.

6 Eingänge, je 6 Stockwerke = 36. Auf jedem Stockwerk zwei Wohnungen, also 36 x 2 = 72. 72 x 6 Zimmer = 432. Ist es denkbar, 432 Zimmer abzuklappern? Durchaus. Gestern hatte ich ganz planlos zwei oder drei Stockwerke durchsucht. Heute würde ich systematisch vertikal und horizontal das ganze Haus durchgehen. Und den Litrat finden. Es sei denn, er hat sich in die vierte Dimension davongemacht. Wenn dem so ist, dann ist es wirklich aus und vorbei. Schluss.

Da laufe ich ihm vor Eingang 2 in die Arme – Storn!

Meine Güte! Wie ein verlorener Bruder ...

Stellt sich Folgendes heraus: Eine Stunde vor meiner Ankunft ist der Hauptverwalter mit zwei Arbeitern erschienen und hat uns umgesiedelt: Jetzt saß der Litrat im Eingang 4, Erdgeschoss, Wohnung 23, Zimmer 40.

Unseren Raum bekommt der Musrat.

»Wieso?«

»Keine Ahnung. Warum waren Sie denn gestern nicht da? Der Alte hat sich Sorgen gemacht.«

»Sie fragen noch! Woher hätte ich wissen können, wo alle stecken? Man hätte doch eine Notiz an der Tür hinterlassen können!«

»Wir dachten, man sagt Ihnen Bescheid …«

Ich knirschte mit den Zähnen.

»Wer denn? Diese Frauen? Haben Sie die gesehen?«

Storn sagte:

»Da haben Sie auch wieder recht.«

IX Volle Kraft voraus

… nachdem ich ein Zimmer bekommen habe, spürte ich das Leben in mich fließen. Der Litrat bekam neue Glühbirnen. Ich konnte ein neues Band für die Schreibmaschine ergattern. Eine zweite junge Frau erschien. »Ges. um Ern. zur Sachbearbeiterin.«

Manuskripte begannen anzukommen, aus dem ganzen Land. Dann stieß noch eine großartige Kollegin dazu. Journalistin. Lacht viel, ein guter Kumpel. »Ges. um Ern. zur Leitung der Feuilletonabt.«

Schließlich ein junger Mann aus dem Süden. Ein Journalist. Das letzte »Ges. um Ern.« ging an ihn. Damit hatten wir keine freien Stellen mehr. Der Litrat war vollzählig. Es ging los.

X Geld! Geld!

12 Süßstofftabletten, sonst nichts im Haus …

… soll ich das Bettlaken verkaufen oder die Jacke? …

Kein Wort über den Lohn.

… Heute ging ich hoch. Die Damen dort oben redeten sehr spröde mit mir. Aus irgendeinem Grund können sie den Litrat nicht leiden.

»Darf ich bitte die Lohnliste sehen?«

»Wozu?«

»Ich würde gern überprüfen, ob auch alle eingetragen sind.«

»Da müssen Sie Madame Kritzkaja fragen.«

Madame Kritzkaja wurde bleich, stand auf, nestelte an ihrem angegrauten Dutt und sagte:

»Sie muss untergegangen sein.«

Pause.

»Und Sie haben nichts gesagt?«

Madame Kritzkaja, weinerlich:

»Ach, mir ist schon schwindelig von der ganzen Sache! Einfach unmöglich! Ich habe die Lohnliste sieben Mal umgeschrieben – und jedes Mal kommt sie zurück. Irgendwas ist immer falsch. Aber Sie bekommen den Lohn sowieso nicht: Jemand in Ihrer Liste ist unbestätigt.«

Zum Teufel mit allem! Mit Nekrassow und den auferstandenen Alkoholikern![57]

Ich rannte los. Wieder Gänge. Dunkel. Licht. Licht. Dunkel. Meyerhold. Abteilung für Personalbestand. Mitten am

Tag, aber alle Lampen an. Grauer Mantel. Frau mit nassen Filzstiefeln. Tische.

»Wer in unserer Liste ist unbestätigt?«

Antwort:

»Alle.«

Also nicht einmal der Gründer des Litrats, der Alte? Was? Und ich auch nicht? Wie kann das denn sein?!

»Sie haben wohl den Fragebogen nicht ausgefüllt?«

»Wer, ich? Vier Stück habe ich bei Ihnen ausgefüllt! Und Ihnen persönlich ausgehändigt! Mit allen Fragebogen zusammengerechnet, die ich inzwischen ausfüllen musste, sind es 113.«

»Dann sind sie wohl verloren gegangen. Müssen Sie neu ausfüllen.«

So vergingen drei Tage. Nach drei Tagen wurden alle rehabilitiert. Neue Lohnlisten wurden geschrieben.

Eigentlich bin ich gegen die Todesstrafe. Aber sollte Madame Kritzkaja einmal vor einem Schusskommando stehen, würde ich zuschauen. Oder wenn sie die Sekretärin mit dem Hütchen erschießen. Oder Lidotschka, Assistentin des Sachbearbeiters.

Alle rausschmeißen! Alle raus!

Nun hat Madame Kritzkaja die Lohnlisten, und ich prophezeie hiermit feierlich: Sie wird diese nicht weiterleiten. Ich kann nicht verstehen, was dieser diabolische Dutt hier macht. Wer hat sie eingestellt?! Muss Fatum sein.

Eine Woche ist vergangen. War im Eingang 4, Etage 4. Habe dort einen Stempel bekommen. Es braucht noch einen, vom

Vorsitzenden der Gebührenverzeichniskommission, suche ihn schon seit zwei Tagen vergebens.

Habe das Laken verkauft.

Das Geld kommt frühestens in zwei Wochen.

Ein Gerücht flog umher, dass alle im Gebäude je 500 an Gehaltsvorschuss bekommen.

Das Gerücht stimmt. Alle saßen wir da und erstellten Lohnlisten. Vier Tage lang.

Ich hatte alle Lohnlisten für den Vorschuss fertig. Alle Stempel waren da. Ich trug sie zur Abgabe. War in so einem Zustand, dass ich auf dem Weg aus dem Erdgeschoss in die vierte Etage in blinder Wut einen Eisenbolzen verbog, der aus der Wand ragte.

Habe die Listen abgegeben. Die werden in ein anderes Gebäude geschickt, am anderen Ende Moskaus ... Dort werden sie bestätigt. Und wenn sie zurückkommen, kommt das Geld.

Heute habe ich das Geld bekommen. Geld!

10 Minuten bevor ich an der Auszahlkasse dran war, sagte die Frau im Erdgeschoss, die den allerletzten Stempel darauf drücken sollte:

»Die Form ist nicht korrekt. Die Lohnliste wird zurückbehalten.«

Ich weiß nicht genau, was dann passierte. Nebel.

Wohl ein krankhafter Schrei meinerseits. So etwas wie:

»Soll das ein Witz sein?!«

Die Frau öffnete den Mund:

»Wenn Sie so –«

Da wurde ich zahm. Ganz zahm. Sagte, ich sei aufgeregt. Bat um Entschuldigung. Nahm meine Worte zurück. Schließlich erklärte sie sich einverstanden, in roter Tinte zu korrigieren. »Auszahlen« wurde auf die Liste gekritzelt. Ein Kringel.

Die Kasse. Ein Zauberwort: die Kasse! Ich konnte es kaum fassen, als der Kassierer mir die Scheine aushändigte. Dann kam ich zu mir: Geld!

Von Beginn der Lohnlistenerstellung bis zu dem Moment, als ich das Geld in den Händen hielt, sind 22 Tage und 3 Stunden vergangen.

Mein Zuhause ist leer geräumt. Keine Jacke. Keine Laken. Keine Bücher.

XI Eine Abhandlung über das Essen

Bin krank. War unvorsichtig. Habe heute Borschtsch gegessen, schön rot, mit Fleisch, mit kleinen goldenen Fettaugen. Drei Teller voll. Drei Pfund Weißbrot an einem Tag. Salzgurken. Als ich satt war, machte ich Tee. Trank vier Gläser, mit Zucker. Wurde müde. Legte mich auf dem Sofa hin und schlief ein …

Ich träumte, ich wäre Lew Tolstoi auf seinem Landgut. Verheiratet mit seiner Frau, Sofia. Da sitze ich oben im Haus im Arbeitszimmer. Muss etwas schreiben. Aber was? Und ständig kommen Leute herein und sagen:

»Das Mittagessen ist serviert!«

Ich habe aber Angst, hinunterzugehen. So ein dummes Gefühl: Alles muss ein großes Missverständnis sein! Da sitze ich, dabei habe ich *Krieg und Frieden* ja gar nicht geschrieben. Dann kommt Sofia selbst die Treppe hoch und sagt:

»Jetzt komm schon. Das Essen ist vegetarisch.«

Auf einmal werde ich zornig:

»Waaas? Vegetarisch? Los, Fleisch kaufen! Ich will Frikadellen! Und ein Glas Wodka.«[58]

Da weint Sofia, und so ein christlicher Sektierer mit langem rotem Bart eilt auf mich zu. Vorwurfsvoll:

»Wodka? Na so was aber auch! Wie können Sie bloß, Lew Iwanowitsch?«

»Mein Vatersname ist Nikolajewitsch, nicht Iwanowitsch! Raus hier! Sofort raus! Will keine Sektierer mehr sehen!«

Ein Skandal.

Als ich aufwachte, war ich ganz krank und zerschlagen. Dämmerung. Hinter der Wand wurde Harmonika gespielt.

Ich ging zum Spiegel. Was für ein Gesicht! Orange Bartstoppeln, weiße Wangen, rote Lider. So schlimm wäre das alles nicht, aber die Augen. Nicht gut. Wieder dieser Glanz.

Ein Rat: Hüten Sie sich vor diesem Glanz. Sobald Sie ihn sehen, leihen Sie sich Geld von irgendeinem Bourgeois (Sie brauchen es nicht zurückzugeben), kaufen Sie sich Lebensmittel und essen Sie. Aber nicht gleich den Bauch vollstopfen! Am ersten Tag nur Brühe und etwas Weißbrot. Alles mit der Zeit.

Diesen Traum mochte ich auch nicht. Ein scheußlicher Traum.

Trank wieder Tee. Erinnerte mich an die letzte Woche. Am Montag hatte ich Kartoffeln mit etwas Öl gegessen, und ein Viertel Pfund Brot. Zwei Gläser Tee mit Süßstoff. Am Dienstag nichts, nur fünf Gläser Tee. Am Mittwoch hatte mir ein Nachbar, der Schlosser, zwei Pfund Brot geliehen. Wieder Tee, nur Süßstoff hatte ich keinen mehr. Am Donnerstag ein ausgezeichnetes Mittagessen. Um zwei Uhr mittags hatte ich Bekannte aufgesucht; ein Zimmermädchen mit weißer Schürze öffnete die Tür.

Ein seltsames Gefühl. Wie vor zehn Jahren. Um drei Uhr höre ich, wie das Zimmermädchen im Esszimmer zu servieren beginnt. Wir sitzen da, führen ein Gespräch (am Morgen hatte ich mich rasiert). Sie schimpfen auf die Bolschewiken, beklagen sich. Und warten offensichtlich darauf, dass ich gehe. Ich gehe aber nicht.

Schließlich sagt die Hausherrin:

»Möchten Sie vielleicht mit uns zu Mittag essen? Oder müssen Sie los?«

»Vielen Dank, ich bleibe gern.«

Es gab: Suppe mit Nudeln und Weißbrot, dann Frikadellen, Gurken, zum Nachtisch Milchreis mit Konfitüre und Tee mit noch mehr Konfitüre.

Ich muss etwas Schlimmes beichten. Als ich ging, stellte ich mir eine Durchsuchung in dieser Wohnung vor. Wie die kommen. Wie die überall wühlen. Die Goldmünzen zwischen den Unterhosen in der Kommode finden. Das Mehl und den Schinken im Kabuff. Wie der Hausherr abgeholt wird …

Eine widerliche Fantasie. Ich hatte sie aber.

Wer in seiner Dachkammer hungernd versucht, ein

Feuilleton zu schreiben, der folge nicht dem Beispiel dieses Frömmlers Knut Hamsun.[59] Geh lieber Bekannte besuchen, die in sieben Zimmern leben, und lass dich zum Mittagessen einladen.

Am Freitag hatte ich in der Kantine Suppe mit einem Kartoffelbratling gegessen. Heute, am Samstag, habe ich das Geld bekommen und mich so überfressen, dass ich jetzt krank bin.

XII Unwetter. Schnee

Etwas Bedrohliches liegt in der Luft. Ich habe da inzwischen ein Bauchgefühl. Unter dem Litrat beginnt das Eis zu knacken.

Heute kam der Alte herein, deutete mit dem Zeigefinger zur Decke, also auf die Damen im Sekretariat und sagte:

»Es wird gegen mich intrigiert.«

Als ich das hörte, zählte ich gleich zusammen, wie viele Süßstofftabletten ich noch hatte. Genug für 5–6 Tage.

Der Alte kam herein, laut, fröhlich.

»Ich habe der Intrige ein Ende gesetzt!«

Sobald er das gesagt hatte, erschien ein Frauenkopf mit Tuch in der Tür und fragte schroff:

»Litrat? Hier, unterschreiben.«

Ich unterschrieb.

In dem Schreiben stand:

»Am soundsovielten wird der Litrat liquidiert.«

… wie ein Kapitän als Letzter sein Schiff verlässt, verließ

ich als Letzter den Litrat. Alle laufenden Angelegenheiten – das Nekrassow-Jubiläum, den auferstandenen Alkoholiker, die Hungeranthologien,[60] die Gedichte, die Anleitungen für lokale Litratabteilungen – ließ ich zusammenheften und abgeben. Eigenhändig löschte ich die Lampe und ging hinaus. Sogleich öffnete sich der Himmel und überschüttete mich mit Schnee. Dann kam Regen. Dann schlug mir etwas Drittes, weder Schnee noch Regen, von allen Seiten ins Gesicht.

Schlimm ist Moskau in den Zeiten des Unwetters und des Personalabbaus. Jawohl, es war einfach nur Personalabbau. Auch andere Wohnungen dieses furchtbaren Gebäudes wurden leerer.

Aber: Madame Kritzkaja, Lidotschka und das Hütchen blieben.

1920–1922

Anmerkungen

1 Neben einer gewissen äußeren Ähnlichkeit mit Lenin hat Professor Persikow auch den gleichen Vornamen – Wladimir – und ähnliche Gestik. Beide wurden im April 1870 geboren.

2 Die Erzählung wurde 1924 geschrieben und veröffentlicht; bei dem Bauvorhaben handelt es sich um Bulgakows futuristische Wunschträume – auch er litt an Wohnraummangel und behauptete, er würde die Seele dem Teufel verkaufen, um aus der Gemeinschaftswohnung wegziehen zu dürfen. Der Teufel wiederum urteilt in *Der Meister und Margarita*, dass den Moskauern »der Wohnungsmangel sehr zugesetzt« habe.

3 Auch die Mode in der Erzählung ist Teil von Bulgakows Zukunftsvision.

4 In H. G. Wells' *The Food of the Gods* entwickeln Forscher ein Wachstumsmittel, um Ernährungsprobleme zu lösen – mit verheerenden Ergebnissen. Zwanzig Jahre später besuchte H. G. Wells das sowjetische Russland und schrieb eine Reihe von skeptischen Artikeln (1921 als *Russia in the Shadows* veröffentlicht).

5 Die sowjetische / russische Geheimpolizei hatte viele Namen. 1922 bis 1934 hieß sie »GPU« (kurz für »Staatliche Politische Verwaltung«), davor Tscheka, danach NKWD, dann KGB, jetzt FSB.

6 Der Geheimagent kleidet sich nach der von Bulgakow frei erfundenen Mode von 1928 ungefähr so, wie sich 1924, zur Zeit des Schreibens, ein Clown kleiden würde.

7 Zeitungen wurden in den 1920ern tatsächlich für Analphabeten vorgelesen; die Leuchtschrift im Himmel hat Bulgakow sich für die vier Jahre entfernte Zukunft ausgedacht.

8 Lubjanka, eigentlich der Name eines Moskauer Platzes, steht für das Hauptquartier des Geheimdienstes, das sich dort seit 1920 befindet; auch heute beherbergt die Lubjanka den Inlandsgeheimdienst FSB. Umgangssprachlich wird der Begriff bis heute synonym verwendet.

9 Der Name »Ptacha-Porosjuk« heißt so viel wie »Vöglein-Schweinski«. Die Liste von Würdenträgern, die in dem Nachnamen »Rabinowitsch« ohne eine klare Funktion endet, muss man wohl als antisemitischen Seitenhieb verstehen – unter den Revolutionär*innen

waren viele jüdisch; auch »Bronskij« ist von Bulgakow als jüdischer Name intendiert.

10 Eine Variation eines scherzhaften Chansons aus dem Jahre 1919; Bulgakow konnte ihn in einem Kiewer Cabaret gehört haben und verweist auf ihn auch in seinen autobiografischen Notizen.

11 Der Regisseur Wsewolod Meyerhold war zum Zeitpunkt des Schreibens wohlauf, Bulgakow hielt jedoch nicht viel von seinen experimentellen Inszenierungen. 1938 wird Meyerhold beschuldigt, ein französischer Spion zu sein, verhaftet, gefoltert und 1940 hingerichtet. Auch bei anderen Namen in diesem Absatz handelt es sich um direkte oder abgeänderte (»Ehrendorg« statt »Ehrenburg«) Verweise auf reale Künstler.

12 Komitees aus drei Personen nannte man nach dem Pferdegespann »Troika«; manchmal hatte ein solcher »Dreier« trotz seines Namens vier oder fünf Mitglieder, wenn auch meist nicht gleich sechzehn.

13 Im Original lautet der Nachname »Rokk«. *Rok* ist Russisch für »Fatum«, »Schicksal«.

14 Nonpareille = Schriftgrad in Punkt 6

15 Die russische Variante der Wassernixe ist verhängnisvoller als eine durchschnittliche Meerjungfrau; so kitzelt sie Männer gern zu Tode.

16 Kwass ist ein schwach alkoholisches Getränk, das durch Gärung aus Brot oder Zwieback hergestellt wird; geschmacklich mit Malzbier vergleichbar.

17 *Russkoje Slowo* (»Russisches Wort« oder »Wort Russlands«) war eine progressive, linksliberale Wochenzeitung, die aber den Bolschewiken und der Oktoberrevolution feindlich gegenüberstand und 1918 geschlossen wurde. Bulgakow las sie gelegentlich.

18 Gemeint ist Semjon Budjonny, ein persönlicher Freund Stalins, Befehlshaber der 1. Roten Reiterarmee während des Bürgerkrieges und des Polnisch-Sowjetischen Krieges.

19 Jingle heißt eine Figur aus Charles Dickens' *Die Pickwickier.* In einem darauf basierenden Theaterstück wird Bulgakow (der nicht nur Arzt, Schriftsteller und Reporter, sondern auch Regisseur und Schauspieler war) später den Richter spielen.

20 Das Telegramm besagt, dass die Weißen (die Gegner der Roten, also der Bolschewiki) den Bürgerkrieg auf dem Kaukasus verloren haben – der Mitarbeiter der ehemaligen liberalen, antibolschewistischen Zeitung *Russkoje Slowo* ist also in Gefahr. Wir befinden uns in der Redaktion der kurzlebigen Zeitung *Kawkaz* (»Kaukasus«), die

in Wladikawkas von Mitte Februar bis Mitte März 1920 erschien und für die auch Bulgakow schrieb.

21 Wie die meisten russischsprachigen Menschen namens Michail wurde Bulgakow von seinen Nächsten »Mischa« genannt, besonders liebevoll auch »Mischulja« und »Mischunja«. Seine Gesprächspartnerin hier ist Larissa Gawrilowa, bei der die Bulgakows ein Zimmer mieteten und die ihn pflegen half, als er krank wurde. Er nennt sie mal respektvoll beim Vor- und Vatersnamen (»Larissa Leontjewna«), mal freundschaftlich »Larotschka«. Tatsächlich wurde er in erster Linie von seiner damaligen Frau, Tatjana Lappa, gepflegt, die aber nie erwähnt wird.

22 Es war Typhus – und zwar Flecktyphus, auch als Läusefleckfieber bekannt. Nicht nur war die Krankheit lebensgefährlich, auch das Timing war das denkbar Schlechteste: Bulgakow wäre mit der Weißen Armee geflohen, wenn er reisefähig gewesen wäre. Als er gesund wurde, waren die Grenzen schon geschlossen.

23 Pawel Melnikow-Petscherski (1818–1883) ist der Autor der Romane *In den Wäldern* und *In den Bergen*, die von einer Glaubensgemeinschaft – unter anderem von Einsiedlern – handeln.

24 Zar Peter der Große, körperlich ein sehr starker Mann, beteiligte sich gern persönlich an der Erschaffung der russischen Flotte. »Kaftan« bezeichnet in diesem Fall traditionelle russische Männerkleidung – eine Art langer, taillierter Mantel.

25 Der Künstler Wiktor Wasnezow hat sowohl Nonnen gemalt als auch Pawel Melnikow-Petscherskis Bücher illustriert.

26 Der junge Bulgakow stotterte.

27 In einer roten Stadt zurückzubleiben, war für Bulgakow, der als weißer Offizier und Korrespondent weißer Zeitungen bekannt war, äußerst gefährlich.

28 Der Schriftsteller Juri Sljoskin (1885–1947) schreibt in seinem Tagebuch: »Ich kannte Mischa Bulgakow seit dem Winter 1920. Wir haben uns in Wladikawkas unter den Weißen kennengelernt. Er war Militärarzt und Zeitungskorrespondent. Als ich an Typhus erkrankte, kam er als Arzt zu mir, konnte aber lange keine Diagnose finden. Als ihm dann klar wurde, dass ich Typhus hatte, wirkte er erschrocken, hatte Angst, sich mir zu nähern, und sagte, er sei dafür nicht qualifiziert genug. Es wurde ein anderer Arzt hinzugezogen. Als ich mich erholt hatte, erfuhr ich, dass Bulgakow inzwischen selbst an Paraty-

phus erkrankt war.« Sogleich stattete er Bulgakow einen Besuch ab, der hier beschrieben wird.

29 Aus Sljoskins Tagebuch: »Die Weißen waren weg. Ein Revolutionskomitee wurde gegründet, mir wurde die Leitung der Kunstabteilung angetragen. Habe Bulgakow als Leiter der Literatursektion eingeladen.«

30 Bei all den genannten Gruppen handelt es sich um Völker des Kaukasus. Mingrelier und Imeretier sind georgische Subethnien; die Osseten sind eine iranische Volksgruppe; die Inguschen in Sprache und Kultur eng mit den benachbarten Tschetschenen verwandt.

31 »Thea-« steht für »Theater«, »Biku-« für »bildende Kunst«. Im russischen Original phonetisch ähnlich seltsam und schwer verständlich.

32 Dünung steht für Seegang nach einem Sturm; der russische Ausdruck dafür (*mjortwaja zyb'*) bedeutet wörtlich »tote Wellen«, was auf die Todesgefahr anspielt, der Bulgakow entronnen war – nicht nur gesundheitlich, sondern auch als (ehemaliger) Weißer in einer nun roten Stadt. Nach einer überstandenen Flecktyphusinfektion kann alles noch lange schwanken und flirren, wie auf hoher See. In der ersten Zeit konnte Bulgakow ohne Hilfe kaum gehen.

33 »Litunterableiter« für »Literaturunterabteilungsleiter« mag übertrieben parodistisch klingen, die Originalabkürzungen aber sind genauso absurd und dem wahren Leben entnommen: Die russische Revolution hatte eine Vorliebe für Kürzel.

34 Noch vor der Revolution, 1912, wurde das futuristische Manifest von Burljuk, Krutschenych und Majakowski berühmt, in dem die Dichter verlangten, »Puschkin, Dostojewski, Tolstoi und die anderen vom Dampfschiff der Jetztzeit zu werfen«. Damals eine Provokation, wurde diese Einstellung 1920 zur Norm.

35 Verhaftet wurden Menschen meist spät abends oder nachts bei sich zu Hause; die Angst wird Bulgakow nie verlassen. Auch bevor ihm gekündigt wurde, war seine Vergangenheit bei den weißen Truppen Grund genug zum Erschießen – aber seit der Hetzjagd in der Presse war die Gefahr viel größer. Es sollten noch viele weitere Hetzjagden kommen, erstaunlicherweise wurde Bulgakow aber nie verhaftet. Die Geschichte mit der Puschkin-Rede und der Entlassung wird durch mehrere Quellen bestätigt.

36 Im Russischen gibt es zwei Wörter für Wahrheit: *prawda* für alles, was zutrifft, und *istina* für eine höhere, spirituelle Wahrheit. Bulgakow benutzt hier das Wort *istina*.

37 Nikolai Evreinov (1879–1953), Theatertheoretiker, Regisseur und Dramatiker. Seine theaterwissenschaftliche Studie »Asasel und Dionysius« benutzte Bulgakow bei der Recherche für *Den Meister und Margarita.*

38 Drei Jahre Zeitreise würde es brauchen, um das vorrevolutionäre St. Petersburg zu erreichen. Der Güterwagen muss hier als Zeitmaschine fungieren ...

39 Bulgakow zitiert hier ein Gedicht von Nekrassow, wahrscheinlich bewusst mit einer Änderung. Eigentlich heißt es dort, »Schriftsteller, Brüder – das Schicksal, das *wir* / teilen, hat etwas Fatales...«

40 Hier handelt es sich nicht um Biografisches, sondern um Verweise auf zwei Theaterstücke – Ostrowskis *Der Wald* und Gogols *Revisor.*

41 Rjurik Iwnew (1891–1981) hatte ein langes Leben und eine erfolgreiche Karriere, vor allem dank seinem Roman über Stalin. Boris Pilnjak (1894–1938) konnte die Sowjetunion selbst zwar nie verlassen, aber ein Teil seiner Werke erschien in den zwanziger Jahren bei russischen Exilverlagen in Berlin. Die Eigenart des Dichters Osip Mandelstam (1891–1938), den Kopf hoch zu tragen, hatte Marina Zwetajewa in einem berühmten Gedicht besungen. Sowohl Pilnjak als auch Mandelstam starben 1938; Pilnjak wurde erschossen, Mandelstam verhungerte in einem Arbeitslager.

42 Der Tschechow-Abend fand am 14. Oktober 1920 statt; der Puschkin-Abend am 26. Oktober. Bulgakows erste Ehefrau, die nicht zu übermäßigem Lob neigte, beschrieb seinen Vortrag zu Tschechow als einen vollen Erfolg. Nach dem Vortrag wurden zwei Kurzgeschichten von Tschechow inszeniert – *Der Chirurg* und *Der Tod eines Beamten.*

43 Der Raufbold, Prahler und Falschspieler Nosdrjow ist eine Figur in Gogols *Die toten Seelen*. Ertappten Falschspielern wurden schon mal Haare aus dem Backenbart gerissen. Bulgakow liebte den Roman und wird 1934 ein darauf basierendes Drehbuch schreiben, das nie verfilmt werden wird.

44 Variation eines berühmten Gedichts von Puschkin: *Der arme Ritter.*

45 Knut Hamsuns Roman *Hunger* handelt von einem erfolglosen, hungernden Schriftsteller. Bulgakows damalige Ehefrau Tatjana Lappa schreibt, wie sie damals all ihren Schmuck gegen Lebensmittel und Brennstoff tauschen musste.

46 Ein Kilo Kartoffeln kostete im Herbst 1920 etwa 150 Rubel, ein Kilo Brot etwa 500. In Bezug auf Lebensmittel hatte Bulgakows Honorar also etwa die Kaufkraft von 700 € (Deutschland 2024).

47 Hier erscheint eine erste Vorahnung Bulgakows berühmtesten Satzes, in seiner finalen Fassung in *Der Meister und Margarita* vom Teufel höchstpersönlich ausgesprochen: »Manuskripte brennen nicht!« Ironischerweise ist der Text dieses Stücks – es hieß *Die Söhne des Mullahs* – erhalten, während viele Werke, die Bulgakow selbst schätzte, verlorengingen.

48 Bei der verdammten Stadt in den Bergen handelt es sich um Wladikawkas; bei den später genannten Lokalitäten um kleinere Orte mit Haltestellen der Georgischen Eisenbahn. Bulgakow ist am 26. Mai 1921 mit dem Zug abgereist und am 2. Juni in Tiflis angekommen. Er schrieb an seine Schwester, dass er wohl weiter Richtung Krim ziehen würde; Istanbul zog er ebenfalls als einen Zwischenstopp auf dem Weg nach Paris in Erwägung.

49 Von Pensa nach Jalta sind es 1600 Kilometer, eine schier unüberwindbare Strecke ohne Transportmittel und ohne Geld.

50 1921 feierte der Dichter Majakowski die zwölf Jahre seit seinen ersten Jugendgedichten mit einer Lesung. Diese fand am 19. September 1921 in Moskau statt; als Titel hatte Majakowski bewusst eine provokante Abkürzung gewählt – nach revolutionärer, aber auch nach absurdistischer Sitte. Was Majakowskis Aussehen und seinen Lebenswandel angeht, könnte Bulgakow kaum falscher liegen: Er war 1,90 m groß; Kettenraucher; kleidete sich provokant (seine gelbe Bluse ist besonders berühmt); 1921 war er 28 Jahre alt und führte keinesfalls ein spießbürgerliches Leben.

51 Es handelte sich um das Gebäude des Zentralkomitees der politischen Aufklärung (*Glawpolitproswet*), das auch für Fragen der Kultur verantwortlich war. Vorsitzende war Nadeschda Krupskaja, Revolutionärin und Ehefrau Lenins.

52 *Die Mutter* und *Nachtasyl* sind ein Roman und ein Theaterstück von Maxim Gorki. Brjussow und Bely waren berühmte russische (und für eine kurze Zeit sowjetische) Dichter.

53 Zwischen 1918 und 1991 hieß das Land, das ungefähr dem heutigen Russland entspricht, »Russische Sozialistische Föderative Sowjetrepublik [Republik der Räte]«. 1922 wurde es Teil der neu gegründeten Sowjetunion.

54 Es handelt sich um den Anfang von Nikolai Gogols absurd-fantastischer Kurzgeschichte *Die Nase*, in der sich die Nase des Barbiers selbstständig macht. Übersetzung von Georg Schwarz, Ausgabe: Nikolai Gogol, *Der Mantel / Die Nase* (Anaconda 2006).

55 Rasumichin ist eine Figur in Dostojewskis *Verbrechen und Strafe*. Nachdem Rodion Raskolnikow einen Mord begeht, geht er zu seinem Freund Rasumichin in der Hoffnung, dort Schutz und Trost zu finden.

56 Abkürzungen für »Finanzabteilung« und »ethnische Minderheiten«

57 Dieser mysteriöse Satz beschreibt das Geschehen im Litrat: Man bereitete sich auf den 100. Geburtstag des Dichters Nekrassow vor. *Der auferstandene Alkoholiker* war ein Theaterstück von W. Grigorowski.

58 Lew Nikolajewitsch Tolstoi war in reifem Alter Vegetarier und Abstinenzler.

59 Wieder ein Verweis auf Knut Hamsuns Roman *Hunger*. Bald würde es für die Bulgakows noch schlimmer werden. Am 9. Februar 1922 schreibt Bulgakow in sein Tagebuch: »Die schwärzeste Zeit meines Lebens. Meine Frau und ich verhungern.«

60 Das Thema »Hunger« war so allgegenwärtig, dass der Litrat tatsächlich plante, eine zweibändige Anthologie russischer Klassiker zu diesem Thema herauszugeben.